La création d'une école de métiers

Mary Schenck Woolman

Writat

Cette édition parue en 2023

ISBN : 9789359250380

Publié par
Writat
email : info@writat.com

Contenu

PARTIE I
ORGANISATION ET TRAVAIL

Histoire

LA Manhattan Trade School for Girls a commencé ses travaux en novembre 1902. Le bâtiment choisi pour l'école était une grande maison privée située au 233 West 14th Street, équipée comme une usine et pouvant accueillir confortablement 100 élèves. Une formation était offerte dans une variété de métiers satisfaisants qui nécessitaient l'utilisation experte de l'aiguille, de la brosse à pâte, du pied et des machines à coudre électriques.

Commençant avec vingt élèves le premier jour, il n'a fallu que quelques mois pour que les 100 élèves soient inscrits et que d'autres postulent. En s'efforçant d'aider tous ceux qui désiraient être instruits, le bâtiment fut bientôt surpeuplé. Il est ainsi devenu évident que, à moins d'augmenter les locaux, il faudrait diminuer le nombre de personnes déjà présentes et refuser d'autres, impatients de suivre la formation. Il a été décidé que même si l'entreprise était jeune, le besoin était urgent et exigeait des efforts inhabituels. Il serait donc sage de tout mettre en œuvre pour acheter des logements plus spacieux. En juin 1906, l'école a déménagé dans un bel immeuble commercial au 209-213 East 23d Street, qui pouvait offrir un enseignement quotidien à environ 500 filles.

Le mouvement doit son existence à l'étude sérieuse qu'un groupe de femmes et d'hommes, intéressés par le travail philanthropique, sociologique, économique et éducatif, a consacrée à la condition de la ouvrière à New York. Ils connaissaient tous parfaitement les difficultés de la situation. Au début de l'hiver 1902, ce comité fit une enquête spéciale sur les ateliers de New York. Ils étaient d'autant plus convaincus que (1) les salaires de la main-d'œuvre non qualifiée sont en baisse ; (2) bien qu'il existe de bonnes opportunités pour une main-d'œuvre hautement qualifiée, l'offre est insuffisante ; (3) la condition de la jeune ouvrière inexpérimentée doit être améliorée par l'ouverture rapide d'une école de métiers pour celles qui ont atteint l'âge d'obtenir des papiers de travail ; (4) si l'instruction publique ne peut pas entreprendre immédiatement l'organisation d'une telle école, alors l'initiative privée doit le faire, même si elle doit dépendre pour son soutien de contributions volontaires. Le résultat fut qu'un effort extrême fut déployé et, en novembre suivant, la première école de métiers en Amérique, destinée aux filles de quatorze ans, fut ouverte.

Le premier conseil d'administration, composé en grande partie de membres du comité d'enquêteur initial, était le suivant :

Présidente, Mlle Virginia Potter ; Vice-présidents, Dr Felix Adler, M. John Graham Brooks, Mme Theodore Hellman, Mme Anna Garlin Spencer, Mme Henry Ollesheimer ; Trésorier, MJG Phelps Stokes ; secrétaire, M. John L. Eliot ; Secrétaire adjointe, Mlle Louise B. Lockwood ; Directrice, professeur Mary Schenck Woolman.

Objectif et portée

L'objectif immédiat de l'école était de former les salariés les plus jeunes et les plus pauvres à devenir autonomes le plus rapidement possible. Il a été décidé d'aider les ouvriers industriels plutôt que les ouvriers commerciaux et professionnels, car ces deux derniers sont déjà, dans une certaine mesure, prévus dans l'éducation. La fonction de l'école était donc celle d'une école de métiers de courte durée, qui offrirait à la jeune fille qui doit aller travailler dès qu'elle peut obtenir ses papiers de travail (vers l'âge de quatorze ans) un apprentissage éclairé dans un domaine productif. profession. Une telle formation ne peut pas être obtenue de manière satisfaisante sur le marché. Les travailleurs immatures y sont présents en si grand nombre qu'ils compliquent le problème industriel par leur pauvreté et leur incapacité, et tendent ainsi à faire baisser les salaires. Jane Addams, de Hull House, à Chicago, dit que ces filles sans formation « entrent dans l'industrie à son point le plus douloureux, où les métiers sont déjà si surpeuplés et subdivisés qu'il ne leur reste que très peu d'éducation pour l'ouvrier ». L'école se proposait d'apporter son aide à ce moment précis.

Le commerce, de son côté, est désireux de disposer de femmes qualifiées directement adaptées à ses ateliers, mais il a du mal à les trouver. Le devoir de l'école était de découvrir le moyen de répondre à ce souhait des employeurs. Il est vrai que l'éducation utilitaire et industrielle offerte par l'enseignement public et privé a profité au foyer et à la société, mais cette formation n'a pas résolu le problème de l'adaptation adéquate à des emplois spécifiques du jeune travailleur qui n'a que quelques mois à perdre. Le manque de cette instruction réside dans l'application commerciale spécifique et la flexibilité quant à la méthode, aux besoins artistiques et aux dispositifs mécaniques. Ces points sont essentiels pour mettre la jeune fille en contact immédiat avec son atelier.

C'est pourquoi la Manhattan Trade School a assumé la responsabilité de fournir une instruction économique dans les travaux pratiques de divers métiers, en leur fournissant ainsi des assistants compétents. Son objet différait donc non seulement de l'enseignement plus général des institutions techniques habituelles, mais aussi des écoles qui offraient une formation spécifique dans un métier (comme la couture), en ce qu'elle (1) offrait une aide aux salariés les plus jeunes, (2) donnait le choix entre de nombreux métiers et (3) avait la ferme conviction que la préparation adéquate des travailleurs qui réussissent nécessite plus de facteurs d'instruction que la formation professionnelle seule. Les idéaux de l'école étaient les suivants : (1) former une fille afin qu'elle puisse devenir autonome ; (2) fournir une formation qui permettra au travailleur de passer d'une profession à une autre profession connexe, *i . e.* , élasticité; (3) former une fille à comprendre sa relation avec son employeur, avec son collègue et avec son produit ; (4) former une fille à valoriser la santé et à savoir comment la conserver et l'améliorer ; (5) former une jeune fille à utiliser son ancienne éducation dans les processus commerciaux nécessaires qui appartiennent à son atelier ; (6) développer une meilleure femme tout en devenant une travailleuse prospère ; (7) enseigner à la communauté dans son ensemble comment réaliser au mieux une telle formation, *i . e.* , pour servir de modèle dont les conseils et l'aide faciliteraient la fondation des meilleures écoles pour les travailleuses du rang le plus bas.

En d'autres termes, la Manhattan Trade School visait à trouver un moyen (1) d'améliorer le travailleur sur les plans physique, mental, moral et financier ; (2) améliorer les conditions de travail dans les ateliers ; (3) améliorer le caractère des industries et les conditions des foyers, et (4) montrer qu'une telle éducation pourrait être pratiquement entreprise par l'instruction publique. Les quatre objectifs n'en font en réalité qu'un, car les meilleurs travailleurs doivent améliorer le produit, gagner des salaires plus élevés, réagir avantageusement à la situation industrielle et au foyer, et le cours d'instruction formulé pour atteindre ce but contribuerait à l'introduction ultérieure d'une telle formation. .

On ne s'attendait pas à ce que des filles immatures de quatorze ou quinze ans, dès leur entrée sur le marché, gagnent de gros salaires ou soient des citoyennes larges d'esprit. L'espoir était de leur donner une base qui leur permettrait de s'adapter aux situations les mieux adaptées à leurs capacités et de permettre une progression constante vers de meilleurs métiers, de meilleurs salaires et de meilleures conditions de vie. Pour ce faire, chaque fille, à son entrée à l'école, doit être considérée comme ayant la capacité d'exercer une profession particulière. Cette aptitude doit être découverte afin qu'elle puisse être placée là où elle puisse atteindre sa plus haute efficacité le plus rapidement possible. Elle doit être traitée individuellement et non comme celle d'une classe. Ses propres efforts doivent être éveillés, ses handicaps, tels qu'une santé inadéquate et une éducation inadaptée, doivent être supprimés, et sa formation doit se dérouler de manière à lui donner la possession de ses pouvoirs.

Conditions parmi les travailleurs

Les conditions de vie de nombreux salariés de la ville de New York sont, brièvement exposées, les suivantes : Des milliers de familles sont si pauvres que les enfants doivent aller travailler dès la fin de la scolarité obligatoire. En 1897, 14 900 garçons et filles abandonnèrent la cinquième année scolaire, la plupart se rendant au travail par nécessité plus ou moins pressante. Pour accéder à des postes importants dans les usines, les ateliers ou les grands magasins, il faudra une combinaison pratique de tout métier nécessaire avec la capacité d'utiliser leur formation scolaire dans des déductions rapides, des lettres commerciales, des comptes et des transactions commerciales. L'école publique propose à ces enfants un enseignement général qui sera achevé en huitième année, mais la majorité quittera avant cette date. Pour diverses raisons, telles que leur naissance à l'étranger, leur fréquentation irrégulière, l'impossibilité d'une grande attention personnelle dans les classes bondées d'une grande ville, les mauvaises conditions de santé et le désir des élèves d'échapper à la routine scolaire dès que la loi Comme le permettra, la plupart d'entre eux, qui se sont lancés très tôt dans le commerce, n'ont pas reçu une éducation satisfaisante pour les aider dans leur vie professionnelle. Année après année, on constate qu'ils font défaut, et pourtant, à quatorze ans, de jeunes travailleurs sortent encore des écoles, en mauvaise santé, avec peu de compétences manuelles, non préparés à écrire des lettres d'affaires ou à s'exprimer clairement, ni par la langue ni par la plume, indifférents aux nouvelles quotidiennes, sauf dans des événements personnels ou tragiques, ignorant les conditions municipales qui les affectent, ignorant les termes simples de la vie commerciale et avec leur arithmétique inutilisable, même dans les processus fondamentaux simples lorsqu'ils sont compliqués par les détails du commerce. Par conséquent, les processus mécaniques qu'ils connaissent sont désormais inutiles à moins qu'ils ne parviennent d'abord à réfléchir au problème.

Ces garçons et ces filles ne regrettent pas d'avoir quitté l'école et sont en général heureux de se mettre au travail. Mais la tragédie de la vie commence lorsqu'ils deviennent salariés, car ils ne sont qualifiés que pour des emplois non qualifiés et mal payés. Une petite fille de quatorze ans a du mal à trouver un emploi satisfaisant dans les ateliers grouillants de New York. Elle, ou un membre de sa famille, parcourt avec avidité la publicité d'un quotidien. La plupart des « désirs » dépassent totalement ses pouvoirs bruts. Une ouvrière non qualifiée est peut-être recherchée dans une entreprise, mais la candidate découvre que des centaines d'autres filles se pressent pour obtenir le même poste, et ses chances sont trop minces pour espérer. Ou peut-être qu'après de longues journées d'errance d'un endroit à l'autre, elle est recommandée au patron d'un magasin et se retrouve au milieu de machines qui avancent à une vitesse de 4 000 points ou plus par minute. Elle assiste un ouvrier très occupé sur les chemises pour hommes, sa tâche étant d'épingler les pièces ensemble, de finir ou de faire les courses. Du petit matin à la fin de l'après-midi, avec un intervalle pour le déjeuner, elle doit être prête à donner un coup de main. Elle ne peut obtenir au mieux que 2,50 $ ou 3,00 $ par semaine. Aucune ascension n'est possible dans cet atelier à moins qu'elle sache bien travailler sur une machine. Ses collègues sont trop occupés pour lui enseigner, car chaque instant de pause signifie une réduction de leur petit salaire. Peut-être persiste-t-elle et peut-elle enfin contrôler une machine. En apprenant rapidement à faire une chose, elle peut obtenir un meilleur salaire, mais il s'écoule souvent deux années, voire plus, dans le commerce avant de pouvoir gagner cinq dollars par semaine. Après plusieurs saisons passées à répéter le même processus des milliers de fois, son désir de nouveau travail s'émousse et elle a peur de tenter quelque chose de différent de la tâche qu'elle s'est fixée. Elle refuse généralement d'essayer un travail plus avancé, même si on lui propose un bon salaire pendant qu'elle apprend, car elle a perdu sa capacité à aller de l'avant.

En général, on peut dire que la fille non formée doit prendre la meilleure place qu'elle peut trouver, sans tenir compte de ses capacités, de sa condition physique ou de son inclination. Les métiers les plus désirables lui sont rarement ouverts, car ils exigent des travailleurs expérimentés, ou du moins ayant reçu une instruction reconnue. Même si une fille verte entre dans un métier spécialisé, elle ne peut pas y progresser facilement et risque d'abandonner ses études à la première saison creuse. Les postes qui lui sont ouverts ont généralement peu d'avenir, car il s'agit de métiers isolés qui ne conduisent pas à des travaux plus avancés. Des illustrations de ces emplois sont emballer des tresses, trier la soie, faire des courses, attacher des franges, retirer et mettre des boutons dans une lessive, tremper des bonbons, trier des lampes, fabriquer des cigarettes, entretenir une machine et attacher des paquets. Ces jeunes filles non qualifiées errent d'une de ces occupations à une autre ; leurs salaires, jamais élevés, augmentent et diminuent en fonction des besoins ressentis par l'ouvrier, et non parce que ses capacités croissantes sont un facteur de sa vie professionnelle. Après plusieurs années passées sur le marché, elle ne se porte guère mieux qu'à son entrée.

Quelques difficultés d'organisation

C'est pour remédier à cette grave situation que la Manhattan Trade School a été fondée. Elle a commencé ses travaux malgré de grands découragements. Les employeurs avaient des préjugés contre un tel enseignement, car les filles formées dans les anciennes écoles techniques n'avaient pas donné satisfaction dans les ateliers. Les parents des élèves estimaient qu'ils ne pouvaient pas se sacrifier au-delà de la fin de la scolarité obligatoire, mais qu'ils devaient ensuite envoyer leurs enfants dans des emplois salariés. Il était impossible d'obtenir une aide de l'État ou de la municipalité, et l'on savait que l'expérience devait être coûteuse, car : (1) Une école de métiers devait être ouverte toute l'année pour les cours de jour et pour le travail de nuit en cas de besoin (les écoles sont généralement ouvertes). de huit à dix mois). (2) Le travail doit être effectué sur des matériaux corrects, souvent coûteux et périssables ; mais les élèves sont trop pauvres pour les fournir, donc l'école doit prévoir de le faire. (3) Les superviseurs doivent être bien instruits, avoir une vision large de l'industrie, être capables d'une pensée originale et avoir une connaissance pratique des exigences du métier (des femmes d'un tel calibre peuvent toujours obtenir les meilleurs salaires). Les enseignants et les contremaîtres doivent également combiner aptitude pédagogique et compétence dans leurs ateliers ; mais comme le marché désire une classe de service semblable et donne d'excellents salaires pour l'obtenir, l'école doit offrir une somme égale ou même supérieure. (4) Les enseignants des industries hautement qualifiées ne sont généralement experts que dans un seul métier, comme la fabrication de chapeaux de paille à l'aide de machines électriques ou la fabrication de boîtes à bijoux ; par conséquent, même si le corps étudiant est réduit, le corps enseignant peut rarement être réduit sans supprimer un département ou un métier entier. Une école de métiers diffère du lycée sur ce point, car dans ce dernier, lorsque cela est nécessaire, deux ou plusieurs matières académiques peuvent être enseignées par le même instructeur.

Une autre difficulté à laquelle l'école a été confrontée au début était que, même si de nombreux métiers à New York étaient ouverts aux femmes, il y avait des raisons de penser que certains d'entre eux n'étaient pas bien adaptés pour elles. On savait peu de choses à cette époque sur les métiers offrant des opportunités de bons salaires, d'ascension constante vers de meilleurs postes, de conditions sanitaires satisfaisantes et d'horaires de travail modérés ; de l'effet physique de nombreuses occupations populaires ; des exigences spécifiques de chaque type d'emploi; de l'effet des filles qui travaillent dans leurs ateliers et à leur domicile ; de leur santé et comment l'améliorer ; des besoins et souhaits des employeurs; des relations entre les syndicats et l'enseignement professionnel et de la législation du travail déjà en vigueur ou qui devrait être renforcée. Avant de décider des cours à suivre à la Manhattan Trade School, il fallait acquérir une connaissance précise de ces faits.

Sélection de métiers

La sélection des métiers précis a été faite après cinq mois d'enquête dans les usines, les ateliers et les grands magasins de la ville de New York. De manière générale, on peut dire des métiers choisis qu'ils emploient un grand nombre de femmes ; nécessitent des travailleurs experts ; leur formation est difficile à obtenir ; il y a en eux une chance d'accéder à de meilleures positions ; les salaires sont bons et les conditions physiques et morales favorables règnent dans les ateliers. Certains métiers employant des femmes ont été rejetés, car ils ne répondaient pas aux exigences requises, tandis que d'autres n'ont pas été choisis, car ils avaient peu de chances de progresser en raison de l'intervention de métiers masculins. Les saisons creuses qui se produisaient dans de nombreux emplois par ailleurs bons ont été prises en compte et des plans ont été élaborés pour permettre à la travailleuse de se tourner vers un autre métier allié lorsque le sien était en retard. Si une fille maîtrise parfaitement son outil , elle peut s'adapter avec moins de difficultés à d'autres métiers dans lesquels il est utilisé qu'à un métier nécessitant un autre outil. Les industries féminines se concentrent dans une large mesure sur l'utilisation compétente de quelques outils. Ces outils ont été choisis comme centres des activités scolaires, et les métiers qui y sont liés en ont rayonné. Les métiers les plus qualifiés nécessitaient l'utilisation de la machine à coudre, du pied et de l'énergie électrique, du pinceau, du pinceau à pâte et de l'aiguille. Les statistiques montrent que l'enseignement de l'utilisation de ce dernier outil concernera plus de la moitié des femmes salariées de New York, qui sont au moins 370 000. Outre le dispositif général d'adaptation d'une ouvrière à un autre métier connexe pendant les basses saisons, une formation spécifique à cet effet est dispensée aux étudiants qui choisissent des métiers où la haute saison est courte et fréquente.

Cours de métier

Le programme comprend l'enseignement des métiers suivants : les cours sont courts et l'enseignement est en métiers :

I. Utilisation de machines à coudre électriques.

1. Fonctionnement général — (variété de travail moins chère — saisonnier; salaires équitables. Meilleure qualité de travail — toute l'année , salaires justes et bons, travail à la pièce ou à la semaine) : tailleurs de chemises, robes d'enfants (tissu et coton), tailles de garçons, nourrissons 'wear, vêtements pour enfants, sous-vêtements pour femmes, jupons fantaisie, kimonos et sacs de toilette.

2. Machines spéciales — (travail saisonnier à toute l'année, selon le type et la demande, bons salaires) : point de dentelle, ajouré, boutonnière, broderie (à la main et Bonnaz) et festonnage.

3. Exploitation de la couture — (toute l'année, bons salaires) : Lingerie, tailleurs et costumes fantaisie.

4. Couture de paille — (excellent salaire pour une courte saison, mais l'ouvrier peut alors retrouver un bon salaire dans l'exploitation générale) : Chapeaux pour femmes et hommes.

II. Utilisation des machines à coudre électriques à aiguille et à pied.

1. Confection de robes et de vêtements — (saisons de neuf à onze mois et salaires équitables à bons) : uniformes et tabliers, travail blanc et broderie blanche simple, gymnase et maillots de bain (en gros et sur mesure), lingerie, broderie de robes, couture (uni et fantaisie).

2. Chapellerie — (travail saisonnier court, bas salaires, difficile ascension pour le jeune travailleur moyen) : Passementerie et fabrication de cadres.

3. Fabrication d'abat-jour et d'abat-jour — (travail saisonnier, salaire équitable). Ce métier complète la chapellerie.

III. Utilisation de pâte et de colle : 1. Montage d'échantillons (travail pratiquement annuel, salaire équitable). 2. Exemples de couvertures de livres, d'étiquetage, de nouveautés et de décorations en papier de soie (travail saisonnier et à l'année , bons salaires). 3. Travail de nouveauté (travail toute l'année , modifié dans l'atelier pour répondre à la demande, bons salaires). 4. Fabrication de coffrets de bijoux et d'argenterie (travail toute l'année , bons salaires).

IV. Utilisation du pinceau et du crayon (travail à l'année , bon salaire) : Métiers d'art élémentaires spéciaux, perforation et estampage, dessin de costumes, retouche de photographies et de diapositives.

Note. Le travail à longueur d'année comprend en général des congés de durée plus ou moins longue, généralement non rémunérés.

Plans d'entrée

L'école est ouverte toute l'année afin de former les filles dès qu'elles viennent ; les mois d'été étant plus calmes dans la plupart des métiers, ils sont particulièrement propices à l'enseignement. Les frais de scolarité sont gratuits et, en cas d'extrême nécessité, un comité accorde une aide aux étudiants, proportionnellement aux besoins. L'entrée aux cours de jour pour les filles âgées de quatorze à dix-sept ans et qui peuvent présenter leurs papiers de travail ou être en mesure de produire des documents attestant de leur âge, si elles ont moins de seize ans, peut avoir lieu n'importe quelle semaine.

Chaque fille qui entre, après avoir choisi son métier, reçoit un papier dactylographié indiquant les étapes possibles de progression dans la filière choisie. Elle l'emporte chez elle afin que la famille sache ce qui l'attend. Elle peut, par un effort particulier ou par des études extérieures, réduire la durée de sa formation. Le premier mois à l'école est une période de tests. Si la fille montre les qualités nécessaires, elle est autorisée à continuer.

Pendant le mois d'essai, ses instructeurs décident de ce dont elle a besoin et si le métier choisi lui convient le mieux. Le droit de procéder à un changement complet est réservé si sa santé ne correspond pas à celle qu'elle désire, si elle n'en a pas les capacités ou si elle fait preuve d'un talent particulier dans une autre direction.

Intelligence industrielle

Chaque étudiant a, dans le cadre de sa formation professionnelle, les travaux académiques, artistiques et physiques qui semblent nécessaires ; lorsqu'elle satisfait à certaines normes , elle est alors autorisée à se consacrer à plein temps à la profession qu'elle a choisie. Il n'est pas possible à une travailleuse qui possède des compétences manuelles et aucune éducation de s'élever loin dans son métier. Il y a de nombreuses tragédies sur le marché de la femme dont la mauvaise éducation précoce l'a empêchée de progresser. Une expression précise, qu'elle soit orale ou écrite, l'utilisation de l'arithmétique dans des transactions commerciales simples ou des comptes détaillés, la capacité de saisir les facteurs importants dans n'importe quelle situation et de se mettre ensuite au travail sans perte de temps ni de mouvement, sont requis pour les postes de confiance et pour la surveillance dans n'importe quel atelier. On a vite découvert que les filles qui entraient à l'école connaissaient l'arithmétique de manière abstraite, mais étaient en mer lorsqu'on leur demandait de résoudre les problèmes commerciaux ordinaires. Ils sont inexacts en lecture et en copie ; ils ne peuvent pas rédiger de lettre de motivation, établir de correspondance, émettre des chèques ou tenir une simple comptabilité. Ils ignorent les lois déjà faites qui les concernent et leurs propres rapports avec les lois futures. Ils n'ont aucun idéal dans leur vie commerciale. Ils ont besoin de voir le rapport entre le métier qu'ils ont choisi et le pays, entre leur travail et le succès de leur employeur, l'effet qu'ils peuvent avoir en créant un meilleur sentiment entre l'employeur et le salarié. Une formation commerciale pratique et immédiatement disponible est absolument essentielle pour que les ouvrières acquièrent des capacités de direction. C'est pourquoi un enseignement professionnel spécifique en arithmétique, anglais, histoire, géographie et éducation civique a été prévu pour compléter et enrichir les cours professionnels.

Des progrès constants ont été réalisés dans la détermination du type d'enseignement professionnel culturel qui aidera le mieux ces jeunes salariés. Il fallait ouvrir un nouveau domaine de l'enseignement pratique et choisir dans ce domaine des matières qui pourraient être utiles dans les ateliers. Il fallait étudier les nombreux métiers de l'école afin de connaître leurs besoins. Le travail a gagné en valeur chaque année et s'est révélé être un élément véritablement nécessaire du programme d'études. Une preuve concrète de sa valeur est le fait que de nombreuses filles pendant les périodes creuses ont occupé des postes de bureau et ont été félicitées pour leur compréhension du sujet, leur ordre, leur capacité de réflexion et leur fiabilité. Naturellement, tous les départements s'unissent pour développer le caractère des étudiants, mais le département académique considère que c'est un objectif particulier. Le plaisir de l'enseignement, suivi d'un perfectionnement mental et moral, a clairement montré que l'ennui académique qui se manifeste à l'entrée vient souvent du manque de motivation dans les études antérieures. L'intérêt est d'autant plus encourageant qu'il existe de nombreux handicaps dans l'enseignement, car les étudiants entrent à tout moment, sont notés selon les métiers qu'ils choisissent et sont placés le plus rapidement possible sur le marché ; le travail ne peut donc pas être uniforme dans sa progression. Les études universitaires ne sont pas non plus une aide pour les filles uniquement dans leur vie professionnelle, car des sujets tels que la tenue des comptes, la prise en compte du coût de la vie, ainsi que la valeur et le prix des matériaux, sont également d'une utilité directe dans la vie familiale.

Enseignement des arts commerciaux

Des cours d'art commercial ont également été organisés comme élément fondamental de l'enseignement. Chaque métier a son art et l'école a essayé d'adapter le travail en atelier à chaque métier. Il reconnaît que l'art appliqué à la couture diffère de celui de la chapellerie, et encore une fois de celui requis pour la décoration des boîtes à bijoux et des calendriers. Il offre ainsi à chaque étudiant une formation artistique élémentaire nécessaire à son métier. Le temps est trop court pour développer des designers, mais cela aide une fille à être plus précise, plus ingénieuse et plus utile dans son atelier, et lui permet souvent de gagner un salaire plus élevé. Une ouvrière capable de placer des garnitures, d'adapter des motifs à de nouveaux usages, de tamponner des motifs, de dessiner des copies de vêtements et de combiner les couleurs de manière attrayante est particulièrement souhaitable dans l'emploi qu'elle a choisi.

Santé

La jeune salariée de New York est très handicapée par sa mauvaise condition physique ; l'hérédité, les mauvaises habitudes de vie et les maisons insalubres lui font sentir leurs effets. Les filles qui viennent à l'école sont assez jeunes pour remédier à beaucoup de leurs défauts. Dans quelques mois, ils occuperont des postes exigeant huit heures ou plus par jour, dans lesquels ils devront mettre tous leurs nerfs et toutes leurs énergies à rude épreuve pour répondre aux normes imposées par la concurrence commerciale. Le département physique de l'école étudie la santé de chaque fille et la forme à en prendre soin de manière adéquate. Le traitement spécifique dont ont besoin certains étudiants les prive de plusieurs heures par semaine de leur travail au département. Même si cela présente des inconvénients, on estime qu'il est plus important d'améliorer la condition physique que de développer uniquement des compétences lorsque la santé est trop mauvaise pour supporter la tension de positions exigeantes. Au début , il est souvent difficile de convaincre les parents de la nécessité d'une telle attention à la santé. Cependant, les résultats ont prouvé dans la majorité des cas la sagesse de cette procédure.

Immédiatement après son entrée à l'école et son affectation à un service, chaque fille doit se présenter au médecin scolaire. En commençant par l'histoire familiale, un enregistrement complet de tous les événements importants liés à sa vie physique est dressé. Elle est interrogée de près sur toutes les fonctions corporelles et un registre minutieux des irrégularités est tenu. Les yeux, les oreilles, les dents, le nez, la gorge et les pieds sont également examinés, et l'on mesure la taille, le poids et les principales expansions. Après l'examen, des instructions sur le traitement sont données, si nécessaire.

Le travail au gymnase a trois objectifs : revigorant, réactif et correctif. Toute fille qui n'est pas limitée en raison de défauts physiques effectue le travail de gymnastique prescrit. Il ne s'agit pas non plus d'un effet uniquement physique, car grâce aux jeux actifs, des qualités telles que le jugement et la précision, la maîtrise de soi et le travail harmonieux avec les autres sont développées. Des mouvements lents, incertains et vagues dénotent un manque de rapidité et de force mentale. L'activité motrice, correctement dirigée, conduit à l'équilibre de l'esprit ainsi que du corps. Ces filles vivent pour la plupart dans des quartiers surpeuplés de la ville, où la liberté d'exercice est inconnue. L'école vise, dans la mesure du possible, à combler le manque de vie saine en plein air et à proposer des exercices actifs et joyeux. Les causeries sur l'hygiène font partie intégrante du travail et visent : (1) à donner à chaque fille une connaissance de son corps et de ses fonctions qui lui permettra de prendre soin de sa santé de manière intelligente ; (2) lui montrer la relation entre la nourriture et sa préparation et sa condition physique ; (3) établir dans son esprit des idéaux de vie correcte qui peuvent être rendus pratiques dans son environnement ; et (4), reconnaissant le droit et le désir de chaque fille de s'amuser, de créer un amour pour des plaisirs sains et simples qui remplaceront les récréations trop fatigantes et souvent imprudentes qui tendent à nuire à la santé de la fille qui travaille.

La salle à manger et les cours de cuisine

Depuis l'ouverture de l'école, de la soupe chaude, du chocolat chaud ou du lait froid étaient servis quotidiennement, à deux cents la tasse, à ceux qui souhaitaient compléter le déjeuner froid qu'ils avaient apporté de chez eux. Les enseignants ont également eu l'occasion d'acheter un repas simple et chaud qui était préparé par l'un d'entre eux, assisté par des étudiants qui aidaient à la préparation, au service et au rangement. Au début, la jeune fille moyenne sentait qu'elle ne pouvait pas consacrer beaucoup de temps à sa formation professionnelle et il fallait donc consacrer ce temps à lui permettre de gagner un salaire décent. Cependant, l'espoir qu'à l'avenir se présenterait l'occasion d'offrir une formation nationale accrue n'a jamais été oublié. L'ouverture à l'école d'un atelier temporaire pour les femmes au chômage pendant la crise financière de 1908 leur a fourni un travail régulier et un salaire. Il convenait également de servir quotidiennement des déjeuners nourrissants à ces travailleurs sous-alimentés. Il y avait déjà une simple salle à manger au sous-sol de l'école, contenant le strict nécessaire : de simples tables sur chevaux, de longs bancs en bois, une cuisinière à gaz à quatre brûleurs, quelques ustensiles de cuisine et un placard rempli de porcelaine bon marché . Le coût total de l'équipement était de 300 $.

L'école se trouvait cependant désormais confrontée à la nécessité de nourrir quotidiennement plus de 500 personnes – enseignants, ouvriers et étudiants – et pourtant aucun argent supplémentaire ne pouvait être dépensé pour l'équipement. Mais la nécessité était si grande qu'en plus des déjeuners habituels, un repas chaud et nourrissant était distribué quotidiennement à la centaine d'ouvriers de l'atelier temporaire, pour lequel ils payaient la moitié du prix des matériaux.

Avec cette inauguration de la cuisine régulière , il semblait particulièrement souhaitable de profiter de l'occasion pour former au moins certains des étudiants au choix, au soin et à la préparation des aliments. La majorité de ces filles seront les mères de la prochaine génération, et pourtant elles ne connaissent rien aux valeurs alimentaires ni à la préparation des aliments. Cela ressort clairement des déjeuners quotidiens qu'ils apportent et de leurs discussions en classe sur l'hygiène. En revanche, les filles qui ne peuvent rester que quelques mois à l'école ont un sérieux besoin à affronter, celui de subvenir à leurs propres besoins, car le salaire des filles non qualifiées (3,00 $) n'est pas suffisant pour vivre décemment. L'avenir physique, mental et moral de ces jeunes filles exige qu'elles puissent gagner plus que cette somme dérisoire. Pendant les quelques mois pendant lesquels la majorité est présente, ni une formation professionnelle ni une connaissance de la cuisine ne peuvent être dispensées, c'est pourquoi la première doit avoir la priorité. L'école a cependant pu prouver que les filles qui y sont instruites peuvent obtenir un salaire équitable dans le commerce, mais qu'une durée plus longue accordée à cette formation leur permettra d'obtenir de meilleurs postes et de meilleurs salaires. C'est pourquoi un nombre croissant de personnes sont prêtes à rester plus longtemps, consacrant même un an ou plus à la préparation. C'est avec cette dernière classe que le moment était venu de proposer une formation en cuisine de cantine qui pourrait leur apprendre ce qui pouvait se procurer à bas prix et pourtant être nourrissant ; comment préparer les repas à la maison et comment utiliser la table chauffante que l'on trouve souvent dans une usine moderne. C'est pourquoi, à cet effet, quelques équipements supplémentaires simples ont été installés et un menu quotidien a été proposé, composé de plats peu coûteux, attrayants et sains, au coût le plus bas possible. De nombreux étudiants se soucient d'une alimentation si peu variée que tous les éléments nécessaires à la construction d'un corps fort et sain ne leur sont pas fournis, et sont donc sous-alimentés. Ils ont besoin d'être encouragés à goûter les aliments essentiels à l'amélioration de leur condition physique. Les filles se sont montrées très intéressées par la cuisine de leur salle à manger. Ils apprécient les menus bon marché et admirent la décoration simple des tables. Peu à peu, ils ont renoncé à dépenser leurs quelques sous pour des fruits, des gâteaux ou des bonbons de mauvaise qualité dans des magasins bon marché et achètent désormais des plats nourrissants cuisinés par les élèves de l'école.

Le cours de cuisine est directement lié aux exposés sur l'hygiène. Le plan de travail est le suivant : (1) Vingt filles sont choisies en même temps. Ceux-ci travaillent en deux groupes de dix chacun et suivent pendant six semaines des cours quotidiens d'une heure. Cela leur donne trente leçons, ce qui équivaut presque à ce que propose l'école publique en un an, mais, étant concentrées sur le travail quotidien et l'utilisation pratique à la cantine, est d'une efficacité égale, sinon supérieure. (2) Les étudiants dressent les tables, préparent une partie définie du déjeuner, préparent les articles, préparent les comptoirs, vendent les différents plats, tiennent et déclarent les ventes et débarrassent ensuite les comptoirs. Les groupes alternent afin que la préparation des aliments, leur suivi et leur retrait du fourneau puissent être effectués par tous avec un minimum de perte de temps par rapport à l'enseignement du métier. (3) La sélection des filles qui suivront le cours est faite parmi (*a*) celles qui peuvent rester suffisamment longtemps à l'école pour combiner la formation professionnelle avec le simple cours de cuisine, (*b*) celles qui ont une santé si mauvaise qu'elles ne savent pas ce qu'elles font. manger et comment le cuisiner est la première considération, et (*c*) ceux qui sont déjà de petites ménagères dans leurs maisons, car leurs mères sont incapables ou sont mortes.

Après plusieurs mois d' expérience, il est apparu que les six semaines de pratique constante en valaient la peine . Des cours de cuisine plus élaborés exigeraient un équipement de cuisine plus complet, ce qui entraînerait des dépenses considérables et obligerait les étudiants à rester plus longtemps à l'école. Grâce à l'arrangement actuel, ils apprennent les processus de cuisson les plus importants de manière très pratique et discutent de la relation entre la nourriture et leur famille.

Ordres commerciaux

Le travail manuel dans les différents départements se divise en trois niveaux : 1. Le travail d'entraînement qui n'est pas conforme aux normes est déchiré et réutilisé. 2 secondes; un travail équitable, pas tout à fait à la hauteur des normes scolaires en matière de travail professionnel. Celui-ci est vendu à prix coûtant aux étudiants ou aux institutions dans le besoin. 3. Travaux commerciaux ; à la hauteur. Celui-ci est vendu au commerce ou à des clients privés aux prix habituels du marché. Cette caractéristique du travail scolaire, qui implique la prise de commandes très diverses de la part des usines et des ateliers extérieurs, s'est révélée être un facteur éducatif important. Après six années d'expérience dans l'utilisation des commandes provenant d'ateliers extérieurs, on peut dire que cette partie de l'enseignement répond aux objectifs suivants : (1) Elle fournit aux étudiants une expérience adéquate sur les classes de matériel utilisé dans les meilleurs ateliers ; ces filles ne pouvaient pas acheter de tels matériels et l'école n'avait pas les moyens de les acheter pour s'entraîner. (2) Les conditions ordinaires du commerce de gros et du commerce en douane deviennent ainsi un élément fondamental de l'instruction. Une telle réalité aide les superviseurs à juger le produit d'après sa valeur commerciale (le travail amateur sera ainsi rejeté) et l'enseignement à partir du type de travailleurs qui en résultent. A travers la relation commerciale, les étudiants ressentent rapidement la nécessité d'une bonne finition, d'un travail rapide et de la responsabilité de livrer à temps. (3) Les commandes rapportent de l'argent et aident ainsi l'école à payer ses dépenses en matériel. (4) L'aspect professionnel des ateliers travaillant sur les commandes et l'expérience que le commerce a eue avec le produit ont accru la confiance des employeurs dans la capacité de l'école à former des ouvriers pratiques pour les métiers. L'école est constamment incitée par le commerce à augmenter ses commandes, mais sa politique inébranlable est de ne prendre que le montant nécessaire à des fins éducatives. (5) L'organisation et la gestion commerciales nécessaires à la conduite adéquate d'un service de commandes importantes peuvent elles-mêmes être utilisées à des fins éducatives et ont leur valeur pour former des étudiants susceptibles de devenir de bons commis aux stocks.

Les ouvriers commerciaux sont employés dans les magasins liés aux différents départements. Ces assistants ont prouvé leur valeur en utilisant au mieux le travail de la commande. Ils facilitent l'achèvement des travaux dans les délais et aident les filles à se sentir responsables de leur part. Comme les étudiants travaillent lentement au début et que leurs heures dans les magasins sont interrompues par d'autres études, les ouvriers, lorsque cela est nécessaire, continuent ou terminent les articles pendant que les jeunes filles sont absentes. Ils rendent possible l' organisation commerciale des magasins, car chacune a autour d'elle ses propres petits groupes d'assistantes, et elle leur enseigne tout en travaillant. La répétition constante du même processus cesse, après un certain temps, d'être utile à l'étudiant, c'est pourquoi son temps ne doit pas être gaspillé par un travail trop simple ou par des détails inutiles. Il arrive souvent aussi qu'un article nécessite un travail d'expert pour sa réalisation, ce que les étudiants ne peuvent pas encore faire ; les ouvriers sélectionnent pour chaque fille le processus qui lui sera utile, puis effectuent le travail que les élèves ne peuvent pas ou ne devraient pas faire.

Les listes suivantes montreront la classe de commandes qui ont été demandées par le commerce et exécutées par l'école :

Ordres du service d'exploitation : 1. Travaux commerciaux : ruban sur sangle pour bretelles, robes pour nourrissons – huit styles différents, tabliers pour enfants – deux styles différents, ourlet et broderie pour les empiècements, volants – ourlet et ajouré, fagots.

2. Commandes personnalisées individuelles : sacs de toilette, tabliers (cuisine, vichy et travail), costumes de gymnase, tailles, robes pour enfants, housses de corset, tiroirs, jupes et chemises, draps, taies d'oreiller, rideaux, chapeaux de paille, jupons fantaisie, kimonos, mouchoirs, cravates fantaisie, tenues pour nourrissons, tailles pour garçons, matelassage, ajourés au mètre, tailles et robes en soie ajourées, rentrés au mètre, tailles, cols, poignets et tissus brodés, initiales sur lin et monogrammes sur tapis de selle, volants par cour.

3. Commande de travaux pour d'autres départements : Couture : travail à la machine sur les chemises de nuit, les housses de corset, les tiroirs, les costumes combinés, les jupons, les kimonos, les bloomers de gymnase, les maillots de bain, les boutonnières, les ourlets sur les jupes, les robes et les tailles en soie ; Broderie Bonnaz sur robes, tailles. Chapellerie : Voiles ajourés. Art : Étuis à crayons et pinceaux. Bureau : Manteaux et salopettes pour les concierges employés dans les écoles.

Commandes du service couture : Tabliers, jupons, robes de servantes ; sous-vêtements fabriqués à la machine; colliers et cravates; uniformes d'infirmières; maillots de bain, maillots de bain et maillots de sport; vêtements pour enfants et bébés; beaux sous-vêtements faits à la main; chemises unies, tailles fines, robes d'après-midi, costumes de rue, robes de soirée, costumes en tissu sur mesure.

Collage et commandes de nouveautés : montage de sangles de bretelles, montage d'échantillons de corset, collage de languettes et d'emboîtements de bretelles, confection d'étuis. Ensembles de bureau, abat-jour et abat-jour.

Commandes du département artistique : 1. Travaux de commande commerciale : estampage, perforation, coloration des planches de mode, découpe au pochoir.

2. Travail sur mesure : Tissu au pochoir sur des rideaux, des écharpes, des nappes, des coussins de canapé ; conception de motifs de broderie pour nappes, napperons, sacs, boutons, chemises, jupes, parasols et écharpes en mousseline.

3. Commande de travaux pour d'autres départements : décoration de couvertures de livres, d'ensembles de bureau, de boîtes, de garnitures de robes – panneaux, revers, gilets ; colliers et poignets, inserts pour main et machine; bandes pour chapeaux, lettres, monogrammes : dessins pour napperons, écharpes, rideaux, sacs de travail.

Dès le début, l'école a pris des dispositions pour placer ses élèves de manière satisfaisante dans les métiers pour lesquels ils sont formés. A l'origine, les chefs de département s'en occupaient, chacun pour ses propres élèves, mais à mesure que l'école grandissait et que le travail du département augmentait, cette méthode a cessé d'être pratique. Un arrangement a donc été conclu avec l'Alliance Employment Bureau pour placer les filles de la Manhattan Trade School lorsqu'elles seraient prêtes à quitter l'école ou lorsqu'elles demanderaient de l'aide par la suite. Ce fut un lien des plus utiles au début des travaux, mais il était entendu que lorsque l'école atteindrait le point de son développement où le volume des affaires serait suffisamment grand et que d'autres conditions le justifieraient, un bureau de placement devrait être ouvert dans l'école. lui-même. Cette idée longtemps chérie est entrée en vigueur en octobre 1908, lorsqu'un secrétaire au placement fut engagé et que le bureau de l'école fut ouvert. Ce plan s'est déjà révélé avantageux. En premier lieu, un bureau ainsi situé peut, en restant en contact constant avec les services, obtenir des renseignements intimes et détaillés sur le caractère, le travail, les aptitudes spéciales et le physique de chaque jeune fille. Ces données sont extrêmement précieuses pour effectuer des placements judicieux, mais sont difficiles d'accès pour une agence extérieure. En deuxième lieu, un tel bureau scolaire, ouvert aux diplômés, tend à les y amener occasionnellement, et renforce ainsi leur intérêt et leur fidélité à l'école en donnant une réalité pratique à leur lien avec elle.

Objectifs

Les objectifs et les plans de travail du Bureau de Placement sont les suivants : (1) Assurer des postes convenables aux filles qui quittent l'école, à celles qui sont contraintes de quitter l'école à cause de la pauvreté ainsi qu'à celles qui ont réellement terminé leurs études. Le problème consiste à insérer la cheville carrée dans le trou carré, et il est résolu en ayant une connaissance très approfondie de chaque cheville et en connaissant une aussi grande variété de trous que possible parmi lesquels choisir. (2) Être un moyen de liaison et de communication entre l'école et les métiers, d'une part, et l'école et ses anciens élèves, d'autre part. (3) Recueillir des données sur les conditions commerciales qui seront utiles aux différents départements ou pour décider des politiques scolaires. (4) Constituer une série de documents qui auront une valeur sociologique générale ainsi qu'une utilisation immédiate à des fins scolaires.

Types et méthodes de travail

En lien avec le stage lui-même, il existe quatre lignes d'activité :

1. *Les entretiens* au bureau, lorsque les filles viennent postuler à des postes et lorsque les employeurs demandent des travailleurs. De nombreuses données précieuses sur les expériences des filles qui ont travaillé pendant un certain temps dans le métier ont ainsi été rassemblées. Dans le cas de l'employeur, s'il ne connaît pas déjà l'école, on s'efforce de l'inciter à la suivre.

2. *Visites commerciales* d'enquête. Le Bureau a pour politique de ne placer une fille dans aucun établissement avant d'avoir reçu une visite, à moins qu'il ne s'agisse d'un établissement déjà bien connu de l'école, auquel cas la visite peut suivre au lieu de précéder le placement. Ces visites sont souvent effectuées à la demande des employeurs ou en réponse à des annonces, si, comme cela arrive parfois, une jeune fille souhaite être placée et que les employeurs déjà connus n'ont pas besoin d'une aide supplémentaire.

3. " *Suivi* ". Une fois les filles placées, il est nécessaire d'en assurer le suivi. Pour ce faire de manière satisfaisante, des formulaires ont été imprimés sous deux formes différentes, l'une pour l'employeur et l'autre pour le travailleur. Le premier s'interroge sur la qualité du travail de la jeune fille (s'il est satisfaisant, et sinon, pourquoi pas) et sur son salaire. Ce dernier demande à la jeune fille de lui rendre compte de son travail, de son salaire et des conditions de travail. Grâce à ce système, le secrétaire au placement est en mesure de rester en contact étroit avec les étudiants qui ont été placés, et d'entendre et de donner suite aux plaintes de l'employeur ou de la jeune fille avec une rapidité qui a souvent pour résultat d'établir le travailleur dans un « bon » ou, occasionnellement, la sauver d'un endroit pauvre. Les employeurs sont presque tous prompts et courtois à renvoyer les rapports, et presque tous les étudiants, sauf un très petit pourcentage, sont également réceptifs. Dans les cas où l'on n'a pas de nouvelles d'une jeune fille, le secrétaire à l'aide aux étudiants se rend personnellement à son domicile.

4. *Tenue des dossiers*. Des catalogues sur fiches sont tenus, donnant toutes les données disponibles dans chaque cas : (1) pour les filles postulant à des postes ; (2) pour les filles placées ; (3) pour les employeurs visités; (4) pour les employeurs postulant ou méritant d'être étudiés, mais qui n'ont pas encore été visités. Toutes les données provenant des employeurs et des filles, obtenues à partir des formulaires mentionnés ci-dessus ou d'autres sources, sont enregistrées sur les cartes.

Le Bureau de Placement, outre ses missions spécifiques, assure certains services au bénéfice général de l'école. Des données sont obtenues sur les conditions de travail et les salaires dans certains métiers et sur la durée de formation recommandée dans d'autres. Les conseils du métier sont souvent nécessaires dans l'un ou l'autre des ministères, et grâce à la connaissance que le Bureau a des employeurs, des directeurs ou des contremaîtres, il est en mesure de connaître et de rapporter leur opinion d'expert. Il est également possible d'inciter certaines de ces personnes très occupées à venir examiner le problème à la lumière des conditions qui prévalent à l'école ainsi que dans leur propre entreprise.

Résultats généraux

Bien que le Bureau de Placement en soit encore à ses balbutiements, certains résultats peuvent être enregistrés. Elle est déjà en contact avec quelque 700 employeurs, dont environ 550 ont reçu une visite personnelle. Le tableau ci-dessous donne les faits concernant les stages des années précédentes et peut être intéressant à titre de comparaison.

FILLES PLACÉES ET SIGNALÉES

	Par soi-même ou à l'école.	Par Alliance EmploiBureau.	Total.
1902	0	0	0
1903	39	7	46
1904	52	36	88
1905	29	61	90
1906	22	81	103
1907	dix	77	87
1908	119	39	158
1909 Par l'école	157	1	158
	428	302	730

Cela fait simplement référence au placement initial ou au premier placement d'une fille. Le total des *remplacements* pour 1909 s'élève à 230 supplémentaires, y compris ceux de nombreux anciens élèves qui s'étaient jusqu'alors placés eux-mêmes ou avaient été placés par le Bureau de l'Emploi de l'Alliance.

La question cruciale des salaires est extrêmement difficile à traiter en bref. Le tableau ci-joint donne une indication très générale de l'éventail des salaires obtenus par les diplômés et des possibilités futures dans leurs métiers, et lu à la lumière du commentaire ci-dessous, il est aussi précis que n'importe quel « résumé » peut l'être.

Commerce.	Salaires lors du premier placement.		Après deux à cinq ans.	Possibilités futures.
	1903	1909		
Couture	3 $ à 5 $	4 $ à 6 $	6 $ à 13 $	25 $ ou propre établissement
Chapellerie	2,50 à 4	4	5 à 15	12 à 25 ans ou propre établissement
en fonctionnement	3 à 6	4 à 11	6 à 25	15 à 40
Nouveauté	4 à 5	4 à 9 [A]	6 à 11	18 à 25
Art depuis 1907	5 à 8	4 à 7	7 à 15	20 à 30

La colonne de 1909 montre qu'enfin un salaire minimum de 4,00 $ a été établi pour tous les métiers nommés, même pour la chapellerie. Il existe des exceptions, mais elles sont presque toujours dues à un handicap particulier de la part de la jeune fille et n'affectent pas équitablement le salaire des filles de capacité normale, qui ont accompli un travail satisfaisant pendant leurs études. Le faible pourcentage d'élèves dont le salaire initial est inférieur à 4,00 $ est celui qui soit n'a pas terminé ses études, soit a fait un mauvais travail, ou est mentalement anormal ou physiquement handicapé, ou ne peut travailler que huit heures par jour parce qu'il ont moins de seize ans. Il est vrai que lorsqu'elles sont obligées de commencer à travailler aux pièces au lieu d'un salaire hebdomadaire, leurs revenus peuvent tomber au-dessous de notre minimum pendant une courte période, mais la première semaine ou les deux premières semaines ne constituent généralement pas un test équitable du niveau de vie de la jeune fille. formation ou capacité. Un peu de temps est nécessaire pour le réajustement qu'implique le passage de l'école à l'atelier, et surtout pour atteindre la « vitesse » nécessaire pour gagner un salaire équitable aux pièces. L'avantage compensatoire est que lorsqu'elle commence à « se rattraper », son amélioration est généralement enregistrée dans ses gains plus rapidement et plus précisément qu'elle ne le serait par un « travail hebdomadaire » sûr mais progressant lentement. Toutefois, si au bout de deux semaines la jeune fille gagne moins de 4 dollars et pense qu'elle "ne pourra jamais s'en sortir", elle a la possibilité de changer de place. Mais très souvent, les gains augmentent soudainement après une dizaine de jours, à mesure que la jeune fille gagne en confiance et en rapidité. (Une élève gagnait 3,97 $ la première semaine aux boutonnières et plus de 7,00 $ la seconde.) Un autre point à considérer en relation avec le salaire est la durée de la saison et la durée de chaque place. Le travail relativement stable et les progrès réguliers, quoique modestes, dans la couture, par exemple, contrebalanceront souvent les salaires hebdomadaires ou les gains aux pièces plus élevés dans les métiers où la saison est courte ou les postes de durée incertaine.

En ce qui concerne le "taux de progression" des salaires, le Bureau est encore trop jeune pour faire des déclarations générales.

Aide aux étudiants

En raison de l'extrême pauvreté des familles de nombreux étudiants, un certain système d'aide a toujours été nécessaire. La manière de le donner a cependant changé, pour s'affranchir de toute tendance à paupériser ou à priver celui qui le reçoit d'un effort qui se respecte. Au début, elle prenait la forme d'une bourse, versée à l'école chaque semaine, à parts égales, à chaque élève. Quelques mois d'expérience ont cependant montré qu'il serait préférable d'exiger un mois d'apprentissage sans rémunération. Si, par la suite, la jeune fille était autorisée à poursuivre ses études, elle recevait un dollar par semaine pendant son deuxième mois. Chaque mois par la suite, le montant était augmenté en fonction de l'habileté et de la bonne humeur qui se manifestaient dans son travail. Le montant maximum qu'un étudiant pouvait recevoir en un an était de 100 $.

Au début de la deuxième année, il devint évident qu'un changement encore plus radical était souhaitable, et un plan fut adopté selon lequel les besoins de la famille de la jeune fille devenaient la seule base sur laquelle l'argent était versé. Un comité fut formé, dont les membres étaient principalement composés de travailleurs des principales colonies sociales. Chaque demandeuse d'aide était orientée vers le membre du comité résidant le plus proche de son domicile. Une enquête fut menée par le travailleur de la colonie et une aide fut accordée proportionnellement à la nécessité, allant du prix d'une voiture à l'équivalent d'un petit salaire. La jeune fille se rendait chaque semaine à la colonie pour obtenir de l'argent. De cette manière, l'aide était séparée autant que possible de l'atmosphère scolaire et il était clair pour les filles et leurs familles que l'argent ne constituait en aucun cas une rémunération pour le travail. Témoignant de ce changement de point de vue, le terme « bourse » a été remplacé par celui d'« aide aux étudiants ». Outre ses autres avantages, la nouvelle méthode a réduit le coût de l'aide à moins de la moitié de sa proportion initiale.

Depuis cette époque, l'objectif a toujours été le même : aider la jeune fille handicapée par la pauvreté afin qu'elle puisse se préparer à un travail salarié efficace. Un membre du personnel de l'école est secrétaire du Comité d'Aide aux Étudiants, et elle connaît personnellement chaque demandeur souhaitant une aide, et effectue les premières visites et enquêtes. Ce plan s'est révélé avantageux en établissant un lien plus étroit entre l'école et le foyer et en garantissant un niveau de secours plus uniforme.

Le Comité d'aide aux étudiants se compose actuellement de représentants de seize colonies, qui se réunissent deux fois par mois pour discuter et décider du mérite de chaque candidat. Si l'aide est accordée, la jeune fille est affectée au campement le plus proche de chez elle et s'y rend chaque semaine pour récupérer son argent. L'école envoie à l'agent d'accueil une enveloppe indiquant le montant dû à la jeune fille et sur laquelle est indiquée toute absence ou tout retard. C'est l'un des devoirs du membre du comité de s'enquérir des raisons de toute irrégularité de fréquentation et, le cas échéant, d'en faire rapport au parent. De plus, chaque agent d'établissement rend un service précieux en surveillant amicalement les filles et les familles de son groupe, en faisant autant pour leur bien-être que le temps le permet et en signalant toute situation inhabituelle au secrétaire d'aide aux étudiants.

Les étudiants sont parfois envoyés à l'école pour y suivre une instruction avec une demande d'aide émanant d'une institution caritative, d'une église, d'un hôpital, d'une école ou d'un établissement qui connaît la famille et s'intéresse à elle ; mais, en général, une jeune fille ayant besoin d'une aide financière arrive sans de telles recommandations et, par conséquent, une enquête plus approfondie sur le cas est nécessaire. Une enquête est toujours faite en premier lieu auprès de la Charity Organization Society, afin de savoir si sa famille a reçu ou reçoit d'autres secours. Le "mois d'essai" sans aide donne le temps de rassembler des informations sur la famille et de tester les capacités et le caractère de la jeune fille. L'aide n'est jamais promise à une fille avant son admission.

Une méthode utile a été élaborée pour déterminer le montant de l'aide qui peut être accordée dans un cas donné. Le montant total du revenu familial est obtenu et de ce montant sont déduits les dépenses fixes de loyer, d'assurance et de transport automobile. Du reste, on obtient le revenu par habitant qui doit subvenir à toutes les autres dépenses, c'est-à-dire à la part de chaque personne en matière de nourriture, d'habillement, d'éclairage, de carburant, de médicaments et de tous les frais accessoires. On estimait qu'une famille ne pouvait pas maintenir un niveau de vie décent avec un revenu par habitant inférieur à 1,50 dollar par semaine. Bien que chaque cas soit examiné individuellement, l'aide est presque toujours accordée lorsque le revenu par habitant est inférieur à 1,50 dollar ; dans certains cas particuliers, elle est accordée lorsque les revenus dépassent ce montant. Le tableau suivant présente les revenus des soixante-dix-huit familles aidées par l'école au 3 juin 1909.

Revenu hebdomadaire par habitant			Nombre de familles.
0,00 $	à	0,49 $	16
.50	à	.99	26
1h00	à	1,49	20
1,50	à	1,99	dix
2h00	à	2,49	3
2,50	à	2,99	1
3h00	à	3.49	2

Les secours accordés par les institutions caritatives n'ont pas été inclus dans ces revenus.

Chaque fille qui reçoit une aide est informée de la raison de son octroi, de telle sorte qu'elle ne la considère pas comme de l'argent gagné et ne se sente pas humiliée en tant que bénéficiaire de la charité, mais qu'elle comprend que cela doit signifier pour elle la possibilité d'obtenir une bonne éducation. . Il lui incombe donc de montrer qu'elle prend conscience de sa valeur en devenant une travailleuse responsable et sérieuse. Les étudiants bénéficiant d'une telle aide sont censés y assister régulièrement, sauf pour d'excellentes raisons, et les rapports de leurs départements doivent être satisfaisants en ce qui concerne leur travail, leur attitude et leurs efforts. Si une fille s'écarte de cette norme et qu'après discussion avec elle ou avec l'un de ses parents, aucune amélioration ne s'ensuit, l'aide peut être suspendue ou supprimée. L'amélioration de la situation d'une famille permet parfois de diminuer, voire de supprimer l'aide. D'un autre côté, il s'avère souvent nécessaire de faire appel à une aide supplémentaire auprès de sources philanthropiques spéciales lorsque le besoin est très grand.

Cours du soir

Les cours de perfectionnement du soir font partie des objectifs de l'école. Ils ont proposé des formations dans les domaines experts des métiers d'exploitation, de couture, de nouveauté, de chapellerie et d'art. Les cours ont été bien suivis, le travail a été réussi et de nombreuses demandes de renouvellement de l'enseignement ont été reçues. Cette classe d'enseignement nécessite les enseignants les plus qualifiés et est donc coûteuse. Le manque d'argent pour mener à bien le travail de jour et de nuit a rendu nécessaire la fermeture temporaire des cours du soir. Il y a cependant toutes les raisons d'espérer qu'ils seront rouverts dans un proche avenir, avec des facilités encore plus grandes pour l'enseignement des parties avancées des métiers.

Gouvernement étudiant

Le Conseil des Etudiants s'occupe de la gestion de l'école, le but étant de la remettre autant que possible entre les mains des étudiants. Cela les aide également à développer leur sens des responsabilités. Le Conseil est composé de représentants élus dans chaque classe, choisis pour leur capacité exécutive et leur bonne moralité. Ils se réunissent une fois par semaine avec l'un des surveillants pour discuter de questions de discipline générale et de règlements scolaires. Chaque membre est responsable du maintien de l'ordre dans sa classe lorsqu'elle n'est pas sous une autre surveillance, de régler les différends entre les filles et de signaler toute désobéissance aux lois de l'école.

Clubs d'études supérieures et départementaux

Une forme d' association d'anciens élèves existe depuis la fin de la première année scolaire. Cette phase importante du travail de l'école de métiers est maintenant parfaitement organisée et nous bénéficie de la chaleureuse coopération de ceux qui ont bénéficié de l'enseignement. L'Association des Diplômés comprend ceux qui ont reçu le certificat de l'école ; les clubs départementaux, cependant, sont plus démocratiques et admettent comme membres toute jeune fille qui y a participé. Ces associations travaillent ensemble au profit de l'école. Ils organisent fréquemment des réunions d'affaires et sociales. Ils envisagent des moyens précis pour entrer en contact avec les filles de la Manhattan Trade School qui viennent tout juste d'entrer dans le commerce, afin de les aider à s'adapter à leur travail et d'accroître en elles leur loyauté et leur responsabilité envers l'école ; pour s'améliorer et améliorer les travailleuses en général en discutant de sujets d'intérêt concernant leur métier et en organisant des divertissements d'un intérêt et d'une valeur réels. Ils ont réalisé des projets visant à accroître les finances générales de l'école ou à obtenir de l'argent pour des objets spéciaux, tels que des douches pour le gymnase. Ils ont donné plusieurs soupers pour réunir les professeurs et les anciens étudiants, afin de discuter de manière informelle de questions commerciales et scolaires.

[A] Ce maximum n'est pas dans le travail de la pâte ou de la colle, mais dans le commerce des abat-jour en soie.

PARTIE II
PROBLÈMES DE REPRÉSENTATION [B]

L' organisation d'une école de métiers pour filles dans une localité donnée nécessite de résoudre de nombreux problèmes graves. Certaines d'entre elles apparaissent immédiatement et doivent être examinées avant qu'un programme d'études satisfaisant puisse être élaboré, mais la plupart d'entre elles sont dirigées par une hydre et une phase est à peine réglée qu'une autre surgit. Il faut leur prêter attention chaque fois qu'elles viennent si l'on veut progresser dans la solution de la question de l'éducation la plus large et la plus pratique pour la jeune fille qui doit gagner sa vie dans le commerce. Ces problèmes sont tellement liés aux questions sociales et industrielles les plus aiguës, mais aussi les plus obscures, d'une part, et, d'autre part, à l'avenir de la race, qu'ils sont souvent très déroutants. Certains d'entre eux ne pourront jamais être entièrement réglés, même s'ils peuvent être temporairement adaptés aux besoins immédiats. Les personnes suivantes sont sélectionnées comme représentant.

Formation en commerce direct

De nombreuses écoles à caractère domestique ou technique ont été ouvertes aux États-Unis, mais l'enseignement y est destiné à la maison ou à des fins éducatives plutôt qu'à des fins commerciales. Les métiers, s'ils sont représentés dans ces écoles, sont de caractère général, couvrant souvent de nombreuses branches d'une industrie dans une courte série de leçons, et n'ayant pas les subdivisions particulières et l'équipement spécial que l'on trouve actuellement sur le marché régulier. . Les employeurs n'ont pas été favorablement impressionnés par l'utilité pratique des diplômés dans leurs ateliers. Comme la Manhattan Trade School n'existe que pour répondre à cette exigence des employeurs, et donc pour développer une meilleure classe de salariés directement adaptés aux besoins du commerce, l'enseignement doit être conforme aux méthodes des magasins et des usines. de la ville de New York. Une telle éducation professionnelle spécifique pour les filles de quatorze ans était nouvelle et c'est pourquoi le problème de l'organisation devait être affronté pour la première fois en Amérique. Une étude minutieuse des ateliers et des conditions industrielles de la ville de New York était essentielle avant que les objectifs ou le programme puissent être décidés et que l'école puisse être ouverte à l'enseignement. En outre, si l'on veut maintenir la formation à jour, cette étude des conditions du commerce ne doit pas cesser et les réajustements des programmes doivent être à la hauteur des changements qui s'opèrent dans les ateliers extérieurs. Par conséquent, ces problèmes doivent être résolus à plusieurs reprises.

Besoin d'une formation préliminaire

Dès le début des cours de métiers à l' école, une difficulté fut immédiatement découverte, ce qui fit comprendre la vérité de la plainte formulée par les métiers selon laquelle les jeunes travailleurs étaient totalement incompétents. Les étudiants qui fréquentaient l' école étaient autorisés par la loi à entrer dans le commerce, car ils remplissaient toutes les conditions requises pour obtenir leurs papiers de travail, mais ils ne disposaient pas de bases suffisantes pour commencer les premiers pas simples à l'école sans une formation préalable. Les défauts particulièrement évidents étaient : (1) le manque d'habileté avec la main ; (2) l'incapacité d'utiliser leurs travaux académiques dans les écoles publiques pour résoudre des problèmes commerciaux pratiques ; (3) l'ennui à prendre les commandes et à penser clairement aux besoins qui se présentent ; (4) absence d'idéaux ; et (5) le besoin de connaître les lois de la santé et la manière de les appliquer. L'enseignement préliminaire et élémentaire dans toutes ces matières devait donc être organisé et donné aux étudiants entrants avant qu'ils puissent commencer leur véritable travail professionnel. Cet enseignement est et continuera d'être nécessaire à moins que l'école élémentaire publique ne prenne des dispositions pour donner, entre la cinquième et la huitième année, une préparation plus satisfaisante à ceux qui doivent gagner leur vie. La Manhattan Trade School a été obligée de consacrer de deux à huit mois aux seules branches d'enseignement élémentaire. Le type de travail nécessaire varie constamment selon la condition des étudiants. Tout le monde en a besoin, mais beaucoup doivent suivre des mois de tutorat. L'instruction publique pourrait facilement donner les travaux académiques pratiques que l'école a organisés. Un tel enseignement non seulement aiderait directement les élèves qui doivent quitter tôt leur emploi, mais constituerait également une bonne base pour l'enseignement professionnel prévu pour les premières années des écoles secondaires publiques.

Formation professionnelle

Au fur et à mesure du développement des cours à la Manhattan Trade School, une phase intermédiaire entre le travail préparatoire et la formation professionnelle directe se dessine définitivement. Ce juste milieu participe à de nombreux processus commerciaux et constitue une bonne base pour le travail en atelier. Il utilise l'éducation précoce, la met en valeur, éveille l'enthousiasme de l'étudiante pour le métier qu'elle a choisi et lui montre que cela vaut la peine de travailler dur si elle veut réussir. Cela dure de quatre à huit mois, selon la capacité de l'étudiant à satisfaire aux exigences. L'enseignement public pourrait également développer avantageusement ce domaine intermédiaire pour ceux qui, ne souhaitant pas s'inscrire dans le cursus ordinaire du lycée, seraient heureux de bénéficier d'une formation pratique complémentaire. Des métiers tels que la cuisine, la couture, la couture, la confection de vêtements, la chapellerie, le travail de blanchisserie, les soins infirmiers à domicile, l'administration domestique, les soins aux enfants, les travaux de fantaisie, l'exploitation de l'énergie électrique, la vente et d'autres activités intéressantes peuvent très bien être proposés dans l'enseignement professionnel. À mesure que l'étudiant dans le domaine qu'il a choisi planifie, considère ses dépenses et s'arrange pour utiliser son matériel, il acquiert des compétences, de l'adaptabilité, du jugement et une véritable base de critique. Le travail du monde l'intéresse à mesure que sa signification devient claire à travers ses propres expériences, et elle commence à voir des moyens d'améliorer sa condition et de contribuer à l'amélioration de son foyer. Elle apprécie la valeur de sa première éducation et estime qu'il vaut la peine de penser clairement et d'agir avec sagesse ; elle écoute les instructions, demande des directives sensées et se met au travail sans perte de temps. La formation élémentaire et intermédiaire que nous venons de décrire, que l'école a cru devoir donner en préparation à son véritable enseignement professionnel, s'est révélée avantageuse comme introduction, car l'élève peut désormais s'adapter rapidement au travail dans les ateliers de l'école, car elle possède les bases qualités nécessaires pour devenir le meilleur travailleur. Elle doit certes commencer par le métier le plus simple, mais elle peut progresser aussi rapidement qu'elle fait preuve de ses capacités. Elle a été soigneusement surveillée par ses instructeurs et s'est orientée progressivement dans la direction qui lui convenait le mieux.

Boutiques commerciales

Offrir des cours dans de nombreux types de métiers exactement comme on en trouve dans une ville comme New York présente de nombreuses difficultés récurrentes, comme cela a été dit précédemment. Les adaptations constantes et rapides à la mode, les nouveaux dispositifs mécaniques introduits et les situations de travail sont des facteurs à considérer. La direction doit être prête à tout moment à modifier, augmenter ou abandonner le travail en fonction des exigences d'un marché instable. Il semblerait donc qu'à l'heure actuelle, les problèmes des magasins scolaires soient d'un caractère trop grave et incertain pour être résolus de manière adéquate par l'enseignement public tel qu'il est actuellement organisé, car (1) il serait difficile de persuader la masse des contribuables que des taux d'imposition supplémentaires sont conseillés pour commencer une forme d'éducation en constante évolution qui ne s'est pas encore recommandée à tous les employeurs ni à tous les salariés, et qui doit être plus ou moins coûteuse ; (2) l'homme habituel du comité des écoles publiques connaît peu les conditions du commerce et serait probablement opposé à l'idée de permettre à une école la liberté de modifier à sa guise son programme d'études et même les métiers qu'elle enseigne ; cependant, d'un autre côté, si l'école de métiers devait attendre l'action du conseil d'administration avant de modifier ses plans, cela nuirait à la valeur de son enseignement, qui doit être flexible si elle formait ses étudiants directement pour le marché ; (3) l'impossibilité d'obtenir ses enseignants sur la "liste d'attente" habituelle et les difficultés liées à la sélection d'un corps enseignant satisfaisant.

Les possibilités d'offrir un travail hautement spécialisé et qualifié sont grandes, mais la pauvreté des élèves limite leur temps passé à l'école de jour. Pour aider toutes les filles qui travaillent et qui souhaitent progresser, des cours du soir ont été organisés de temps en temps et, pendant la journée, un enseignement temporaire est également proposé à celles qui ont du temps libre dans leur métier. L'école étant organisée en magasins de commerce, avec la même spécialisation que sur le marché, un étudiant peut entrer ou être placé depuis presque n'importe quel point. Cela augmente son utilité mais complique sa gestion.

Recrutement et formation d'enseignants

L'enseignement professionnel étant une nouveauté dans l'éducation, les écoles normales n'ont pas commencé à former régulièrement des enseignants pour ces postes et ne sont d'ailleurs pas encore prêtes à le faire. L'organisateur d'une école de métiers se trouve donc confronté à de sérieuses difficultés pour trouver des instructeurs adéquats à la tâche qui l'attend.

Le personnel enseignant des métiers suivant est requis : des superviseurs des différents métiers; des contremaîtres pour diriger les magasins de l'école ; des instructeurs de métiers pour enseigner aux différents groupes d'étudiants les processus spécialisés ; des assistants pour s'occuper des petites affaires dans les ateliers; des professeurs d'art, ayant une expérience dans le design pour les différents métiers représentés ; des instructeurs universitaires qui connaissent pratiquement le monde du travail et peuvent donner aux étudiants une formation qui, tout en les aidant dans leur métier, élargira leur connaissance et leur sympathie pour le travail mondial. Tous ces enseignants doivent non seulement avoir une expérience du commerce, mais doivent rester continuellement en contact avec les méthodes du marché extérieur. Les travailleurs de métier qui échouent, qui souhaitent souvent enseigner, ou les enseignants qui ne connaissent rien des besoins des ateliers de métier, ne peuvent pas préparer adéquatement les étudiants à des postes de métier spécifiques. Le commerce sait ce qu'il veut, il est un critique sévère et un juge impitoyable. L'école de métiers ne peut donc pas se permettre de compter sur des instructeurs qui échoueraient eux-mêmes sur le marché, car le résultat serait un échec certain chez les étudiants. Une telle formation spécifique requiert des connaissances exceptionnelles de sa force enseignante. Le professeur habituel de formation manuelle connaît trop peu les habitudes des ateliers et est trop théorique dans son enseignement pour pouvoir lui confier la formation d'ouvriers qui doivent satisfaire aux exigences du métier. Par contre, l'ouvrier de métier, aussi bon qu'il soit dans sa spécialité, sait rarement enseigner. Elle peut diriger son groupe de travailleurs, mais elle ne peut pas former les mains vertes à faire plus que travailler rapidement sur une chose. Elle peut les faire travailler, mais elle ne peut pas en faire de meilleurs travailleurs. Lorsqu'elle a des commandes à réaliser, sa formation permanente la fait penser à la réalisation rapide des articles plutôt qu'au développement minutieux des étudiants qui les réalisent. Si elle n'est pas surveillée, elle choisira pour faire un travail la fille qui sait le faire bien et rapidement (mais qui n'a pas besoin de cette expérience), plutôt que celle qui devrait le faire pour s'y exercer.

Le problème est de trouver un moyen d'unir le bon enseignant et le travailleur qui réussit. Une telle combinaison apparaît à de rares intervalles. A l'heure actuelle, l'enseignant qui peut préparer adéquatement les jeunes travailleurs au métier doit être formé pendant qu'il enseigne lui-même. Elle peut être choisie soit dans le domaine industriel, soit dans le domaine éducatif, si elle possède certaines qualités d'esprit et d'esprit, mais elle doit maintenant rattraper les points qui lui manquent, qu'il s'agisse d'expérience commerciale ou d'aptitude à enseigner. Les superviseurs ont besoin de perspicacité et de capacités particulières, car ils sont appelés à étudier un domaine nouveau et difficile, à y sélectionner les matières nécessaires, et ensuite à organiser un enseignement des plus pratiques. Ils cumulent les fonctions de directeur d'école, d'enseignant, de contremaître, de surintendant d'usine et de chef d'entreprise. Ils doivent être disposés à se donner à la cause, car ils sont responsables de la conduite de leurs services tout au long de l'année, de nuit comme de jour, au moins jusqu'à ce qu'ils puissent former quelqu'un à qui ils pourront déléguer une partie de leurs responsabilités . responsabilité. Ils ont besoin d'une large éducation culturelle et, en même temps, d'un intérêt et d'une connaissance des problèmes industriels de l'époque, ainsi que d'une expérience dans leur métier particulier. Ils doivent avoir de la sympathie pour les travailleurs et leur vie. Il est évident que ces femmes sont difficiles à trouver et qu'une fois trouvées ou formées, elles sont recherchées par d'autres institutions ou dans le monde des affaires, où elles peuvent obtenir des salaires élevés. Tous les professeurs de métiers efficaces sont également recherchés dans les ateliers, c'est pourquoi l'école doit rivaliser avec de bons salaires d'entreprise au lieu du sous-salaire habituel des établissements d'enseignement.

Outre les professeurs de métiers, des instructeurs pratiques en matière de vie saine et des secrétaires spéciales ayant besoin de connaissances sociales de diverses sortes sont également indispensables dans l'école professionnelle moderne pour filles. Leur formation ajoute aux responsabilités du directeur, car personne ne possède actuellement les connaissances et l'expérience nécessaires.

enseignant adéquat semblent n'avoir à l'heure actuelle qu'une seule solution : e. , l'école doit être plus ou moins sa propre école de formation pour ses professeurs. Une source d'enseignants adjoints a été trouvée parmi les étudiants qui ont réussi dans le commerce. Les élèves d'éducation équitable qui font preuve de compétences et de capacités d'exécution dans leur département et qui réussissent plus tard dans leurs postes professionnels se sont déjà révélés utiles lorsqu'ils sont ramenés à l'école. Ces filles connaissent les cours d'enseignement, leurs besoins et leurs difficultés, ainsi que les exigences extérieures du travail. Si on leur donne quelques indications sur les méthodes d'enseignement, leur succès est plus grand. Les écoles professionnelles européennes pour filles ont attiré parmi leurs étudiants bon nombre des meilleurs professeurs et ont organisé des cours de formation pédagogique à leur intention. Pour répondre à cette situation, un cours de formation régulière d'enseignants élèves de métiers devrait être dispensé ultérieurement dans des écoles normales américaines.

Cours d'études

Etant donné que les changements qui vont se produire sur le marché doivent être reconnus et insérés dans le programme d'études à temps pour que les étudiants soient préparés au nouveau travail lorsqu'ils sont placés, des programmes d'études déterminés ne peuvent être suivis sans mettre en danger la valeur pratique de l'enseignement. En outre, les élèves doivent progresser à mesure qu'ils démontrent leurs capacités, et leurs différentes caractéristiques doivent être prises en compte ; le travail doit donc être suffisamment flexible et adaptable pour permettre d'augmenter un type de formation et d'en diminuer un autre, afin de développer les meilleures capacités de la jeune fille. Ce ne sont pas seulement les cours de métiers qui doivent être adaptés aux besoins, mais les cours d'art, d'enseignement commercial et d'éducation physique doivent également évoluer et introduire le matériel nécessaire aussi rapidement que le marché comprendrait les nouveaux plans pour les ateliers . Il ne suffit pas non plus que le programme s'adapte simplement à la formation des filles à des postes commerciaux. Il ne faut jamais oublier que ces étudiants doivent devenir des travailleurs et des citoyens de niveau supérieur et que la plupart d'entre eux se marieront. En général, on peut dire que l'entrée de la femme dans l'industrie est plus ou moins temporaire dans la mesure où elle peut précéder ou suivre le mariage et, en règle générale, n'est pas continue. Pour ces jeunes salariés, une bonne citoyenneté devrait signifier un meilleur logement ainsi qu'une vision plus large de la vie industrielle. L'insertion dans une formation déjà trop brève des facteurs importants pour devenir un meilleur ménagère nécessite l'étude de l'éthique et de l'économie de la vie domestique et sociale en plus de l'étude de la situation industrielle, et pose des problèmes continus aux professeurs.

Enquêtes

Afin d'être en contact vital avec les besoins pratiques et les changements du marché, des enquêtes spéciales sur le commerce ont été et sont continuellement menées par la faculté de l'école. Ils s'efforcent également de rester en contact étroit avec les organisations industrielles et sociales de travailleurs dans les établissements, les clubs, les sociétés et les syndicats, afin que toutes les phases de la vie du salarié, ses plaisirs, ses objectifs et ses besoins, puissent être appréciés. Les élèves présents sont étudiés pour connaître leur état de santé, leurs tendances, leurs besoins, leur amélioration. Après leur entrée dans le métier, ils sont maintenus en contact avec l'école par l'intermédiaire du Bureau de placement, des clubs, des associations de diplômés, ainsi que par les visites de l'enquêteur de l'école, afin de constater l'effet de leur formation sur leur autonomie, leurs ateliers, et leurs maisons. Des groupes de filles formées et non formées sont comparés afin que les différences et les avantages puissent être notés et que la véritable situation soit clairement comprise.

Afin de comprendre autant que possible l'essentiel de cette classe d'enseignement, le directeur de l'école a fait une enquête de six mois sur les écoles professionnelles pour filles du continent européen. Cette étude a été réalisée après que la Manhattan Trade School ait été organisée et fonctionnait avec succès. Les problèmes étaient alors bien maîtrisés et il était possible de tirer parti des différents points de vue. Dans certains pays européens, cet enseignement pratique existe depuis un demi-siècle. Chaque pays a organisé le travail selon sa propre vision de la place de la femme dans la vie industrielle et domestique. De nombreux aspects du problème peuvent ainsi être étudiés et différents enseignements consultés. Cette enquête a couvert trois domaines intéressants. Premièrement, l'organisation des écoles, y compris l'équipement ; les enseignants et leur formation ; le budget; la commande de travail ; la relation de l'école avec les employeurs ; le placement des filles dans des postes ; les salaires; les programmes d'aide financière et le travail des associations d'anciens élèves . Deuxièmement, les métiers enseignés et les cours d'enseignement ; la formation générale exigée à l'entrée et celle donnée comme partie intégrante du métier ; les cours de métiers d'art; le ménage et la formation des domestiques ; le développement d'idées de vie meilleure et la formation à la responsabilité dans la vie domestique et professionnelle. Troisièmement, la visite des ateliers employant des femmes ; l'obtention d'informations sur l'effet des écoles de métiers ; l'utilité et la capacité d'avancement des élèves, ainsi qu'une enquête sur l'artisanat réalisée au sein des foyers.

Administration des ordres commerciaux

Une école de métiers doit faire son travail manuel à la mode du jour et avec du matériel correct, mais les étudiants sont trop pauvres pour travailler à leur compte. Le budget d'une école ne peut pas fournir d'aussi grandes quantités de matériels de valeur à moins d'en obtenir un certain rendement. Le magasin scolaire de chaque département, où sont prises les commandes privées et personnalisées, s'est révélé avantageux, mais implique de grands problèmes d'administration : (1) les méthodes commerciales et la gestion réelles liées aux factures, aux ventes et à la livraison des marchandises ; (2) l'obtention des commandes nécessaires et de la quantité souhaitable ; (3) la prise de commandes personnalisées, l'ajustement du client et la livraison des commandes à temps ; (4) une répartition satisfaisante du travail commandé de manière que les étudiants puissent en profiter et ne soient pas censés le poursuivre après avoir acquis une expérience suffisante d'un type ou s'ils ne sont pas encore capables d'effectuer le travail complexe impliqué ; (5) la recherche d'agents qui feront ce que les étudiants ne peuvent ou ne devraient pas faire ; (6) les dépenses liées à l'emploi des travailleurs aux prix du commerce et pour des horaires plus courts ; (7) le coût des articles et autres détails impliqués dans la concurrence avec le commerce. On peut affirmer qu'aucune école de métiers ne devrait sous-enchérir sur le marché, mais devrait facturer le plein prix et s'attendre à donner des rendements équivalents. Une école de métiers ne peut pas se permettre d'être un amateur soutenu par un public philanthropique, mais doit avoir un standard commercial reconnu.

Placement

Des problèmes de diverses natures se posent à l'école dans le placement de ses élèves. Chaque nouvelle promulgation de lois sur le travail des enfants ou sur le travail des enfants a son influence. Même une bonne loi aura parfois un effet temporaire sérieux en réduisant les salaires ou en privant des filles compétentes d'emplois satisfaisants. Il faut veiller à ce que les étudiants ne soient pas placés là où il existe un risque d'aller à l'encontre des meilleurs intérêts du travail. Le désir de placer chaque élève là où elle peut se développer et atteindre sa condition la plus élevée nécessite une connaissance continue des besoins du marché et des caractéristiques des nombreuses filles. Les dossiers des étudiants entrant, étudiant et placés, les types de postes ouverts et les informations industrielles et professionnelles doivent être tenus à jour, mais ces données sont souvent difficiles à obtenir.

Attitude syndicale

Une question importante qui se pose toujours dans une école de métiers est celle de l'effet que l'enseignement peut avoir sur les travailleurs. Il est difficile, pour quelqu'un qui n'est pas continuellement au milieu de la pression du métier actuel, de connaître les nombreuses façons dont des progrès irréfléchis dans l'enseignement des métiers peuvent réagir au désavantage de ceux-là mêmes que l'école souhaite aider. Le préjudice peut être causé en préparant un trop grand nombre de personnes à certaines professions, en occupant des postes où une grève est en cours, en remplaçant des postes bien payés par des filles d'écoles de métiers à moindre prix, en plaçant les filles à un salaire trop bas pour leurs compétences, en effectuant un travail de commande dans des écoles de métiers. un prix trop bas ou lorsqu'une grève est en cours, le fait de considérer de trop près l'adéquation d'une travailleuse au bénéfice de l'employeur plutôt que pour l'élargissement de sa propre vie, et comme des actions irréfléchies. Les difficultés de la situation sont grandes et la solution souvent obscure, mais une école équitable doit être en contact avec l'effort que la travailleuse elle-même a inauguré pour améliorer sa condition. La méfiance apparemment inutile avec laquelle la classe ouvrière considère l'organisation de l'enseignement professionnel serait fondée si l'on ne réfléchissait pas aux conditions du travail telles que les ouvrières les voient. Une école de métiers pour filles de quatorze ans n'a pas besoin de mettre un point d'honneur à ce qu'elles adhèrent immédiatement aux syndicats, mais elle doit considérer le sujet de manière simple et judicieuse dans toutes ses dimensions, afin que les étudiantes puissent également connaître tous les objectifs et les avantages de la coopération . ainsi que le point de vue et les nombreuses difficultés des employeurs.

Contact avec le commerce

Les professeurs d'une école de métiers ont besoin de la coopération et de l'assistance des travailleurs et des employeurs. Ce n'est que grâce à une relation intime avec eux que les résultats les meilleurs et les plus pratiques peuvent être obtenus. Auxiliaires et comités d'employeurs et de salariés ; visites du personnel de l'école aux métiers et des employeurs, contremaîtres et ouvriers à l'école; l'exécution des commandes d'ateliers et leur assistance pendant les saisons chargées sont quelques-uns des moyens par lesquels la Manhattan Trade School a tenté d'obtenir l'aide du monde industriel occupé.

Problèmes d'aide financière

L'aide apportée pour permettre aux élèves les plus pauvres de fréquenter l'école a soulevé ses propres questions, telles que : le danger de paupériser les bénéficiaires ; les modalités de sélection des bénéficiaires ; la meilleure façon de donner l'aide hebdomadaire ; le développement d'un esprit de travail sérieux et d'une assiduité régulière chez les filles ainsi aidées ; la stimulation du désir de rendre un équivalent en aide particulière à la Manhattan Trade School ou à ses étudiants, et l'élimination de cet effort philanthropique de tout rapport apparent avec le travail scolaire.

NOTES DE BAS DE PAGE :

[B] Afin d'expliquer ces problèmes, il sera nécessaire de répéter certaines des données de la partie I.

PARTIE III
ÉQUIPEMENT ET SOUTIEN

Logement et équipement

LA première maison de la Manhattan Trade School était une grande maison d'habitation de quatre étages avec sous-sol, pour laquelle un loyer de 2 100 $ par an était payé. L'équipement permanent initial et le premier stock temporaire, prévus pour une centaine d'étudiants, ont coûté 9 500 $. Ce montant a été utilisé principalement pour l'aménagement de locaux spéciaux pour l'exploitation de l'énergie électrique ; pour la couture; pour la couture; pour la chapellerie ; pour coller; et pour l'équipement plus général des bureaux, des salles académiques et artistiques, d'une cuisine et d'une salle à manger. Les listes suivantes présentent l'éventail des dépenses nécessaires pour équiper les principaux ateliers de travail avec l'équipement nécessaire :

ATELIER DE CONFECTION DE VÊTEMENTS OU DE COUTURE

Machines à coudre, chacune	18,00 $	à	70,00 $	
Tables de travail, de coupe et de repassage, chacune	6h00	à	20h00	vers le haut
Fers à repasser électriques, chacun	7h75			
Cuisinière à gaz (nécessaire lorsque les fers à repasser électriques ne sont pas utilisés), chacun	2h00	vers le haut		
Verre Cheval, chacun	20h00	à	100,00	vers le haut
Chaises, chacune	.50	à	3h00	vers le haut
Exposition, placards, armoires et commodes, chacun	10h00	à	100,00	vers le haut
Supports de montage, chacun	2h00	à	30h00	vers le haut
Cabine d'essayage (une alcôve à rideaux), chacune	10h00	vers le haut		
Cabine d'essayage (une chambre meublée), chacune	100,00	vers le haut		
Formes vestimentaires, par douzaine	30h00	vers le haut		
Formes de taille, par douzaine	6h00	vers le haut		
Formes de manches, la paire	1h00	à	1,50	vers le haut

Casiers, par pied courant	3h00	à	8h00	vers le haut

Une chambre pour vingt ouvriers peut être meublée simplement au prix de 300 à 500 dollars. Si un grand nombre de machines à coudre coûteuses est souhaité, les estimations doivent être augmentées de plusieurs centaines de dollars. La Manhattan Trade School possède des machines de quarante pieds de puissance, les plus utilisées dans les ateliers de New York.

L'équipement d'un atelier pour le fonctionnement électrique, y compris les machines générales et spéciales, le moteur, les tables de coupe et de travail, les armoires et les chaises, sera considérablement plus coûteux que celui pour la confection de vêtements. Dans ce dernier cas, une machine à coudre peut être utilisée par plusieurs travailleurs, mais dans le cas du fonctionnement électrique, chaque travailleur doit disposer de sa propre machine. Le moteur électrique ajoute également à la dépense. Le coût minimum pour équiper un atelier pour vingt ouvriers serait de 1 000 à 1 500 dollars. Le matériel nécessaire serait le suivant :

ATELIER D'EXPLOITATION ÉLECTRIQUE

Machines à coudre simples en rangées, par tête	22,50 $	vers le haut
Auges pour le travail entre les rangées et tables pour les machines (pour deux machines)	10h00	
Machines spéciales (deux aiguilles, broderie, point de dentelle, boutonnière, couture de paille, etc.), chacune selon son type	35h00	à 125h00
Moteur, chacun	140.00	vers le haut
Coupeur électrique, chacun	25h00	vers le haut
Armoires, tables, chaises et fers à repasser, voir ci-dessus		

La Manhattan Trade School dispose de cinquante-cinq machines à coudre électriques simples et de trente-deux machines spéciales, réparties comme suit : trois boutonnières, une à deux aiguilles, une à reliure, une à zigzag, cinq à ourlet, cinq à tucker, quatre Bonnaz, une à tresser, une à main. broderie, un festonné, neuf couture paille.

Dans les ateliers exerçant des métiers utilisant de la pâte, de la gomme et de la colle, les équipements spéciaux suivants sont nécessaires :

Pots de colle, gaz, chacun	7,50 $	vers le haut
Pots de colle, électriques, chacun	21h75	vers le haut
Coupe-main, chacun	50.00	vers le haut
Armoires, tables, chaises et fers à repasser, voir ci-dessus		

Le coût pour équiper un magasin serait de 200 $ à 400 $.

Des machines spéciales pour perforer les motifs ou pour plier les matériaux sont souvent nécessaires dans l'enseignement des métiers du vêtement. Les prix de gros peuvent généralement être obtenus lorsque la commande est importante. Les concessionnaires se sont également montrés disposés à vendre leurs machines à bas prix, à les prêter et même à les donner à une école qui a prouvé sa capacité à former de bons ouvriers.

Lorsqu'il s'est rendu compte que les locaux d'origine de l'école étaient trop limités, le conseil d'administration s'est mis au travail avec beaucoup d'enthousiasme et, en quelques mois, a collecté l'argent nécessaire et a acheté un grand loft commercial au 209-213 East 23d Street, à une dépense de 175 000 $. La mise en ordre des travaux coûte 5 000 $ de plus. L'ancien équipement a été utilisé et 5 000 $ de plus ont été dépensés pour des articles nécessaires tels que : des machines, 3 200 $; moteur, 352 $; perforatrice, 38 $; horloges maîtresses supplémentaires, 233 $; chaises et tables, 850 $. L'école est meublée de manière simple et professionnelle, l'équipement reproduisant simplement les bonnes exigences d'un atelier, *c'est-à-dire . e.* , l'essentiel uniquement.

Le budget pour la première année, 1902-1903, était de 22 094,16 $, dont les salaires des enseignants représentaient environ la moitié et le loyer et l'entretien couvraient l'autre moitié. Au cours de cette année, 113 étudiants ont été admis. En 1908-1909, après six années de croissance rapide, le budget de l'éducation est de 49 000 $, soit plus du double du budget initial, dont 38 806 $ pour les salaires ; les fournitures, 1 710 $; impression et édition, 600 $; entretien, 9 900 $. Au début de 1908, l'école comptait 254 élèves ; 689 filles ont été inscrites au cours de l'année, soit un total de 943 filles, soit près de neuf fois le nombre de filles présentes la première année.

Le soutien

La Manhattan Trade School dépend entièrement, pour son soutien, de contributions volontaires. Il y a eu peu de dons importants et les donateurs représentent toutes les classes de la communauté : mécènes et travailleurs dans les domaines sociologiques, économiques, philanthropiques et éducatifs, employeurs de main-d'œuvre et auxiliaires de toutes sortes de travailleurs organisés à des fins spéciales. L'aide la plus significative peut-être, et la plus importante en proportion de son revenu, a été celle des salariés eux-mêmes, non seulement de la jeune fille qui a bénéficié de l'instruction, mais de la masse générale des travailleuses. Ces femmes, conscientes des difficultés de leur propre lutte pour s'élever, se sont montrées disposées à mettre de côté chaque semaine une petite somme pour aider les jeunes filles à atteindre rapidement l'efficacité grâce à un entraînement systématique. Les auxiliaires des salariés sont un pilier de l'école en raison de leur enthousiasme serviable, de leurs suggestions pratiques, de leur intérêt pour les jeunes filles qui y sont formées et de leurs cotisations régulières sur lesquelles peut compter le Conseil d'administration.

PARTIE IV
APERÇUS ET COMPTES DÉTAILLÉS DES TRAVAUX DU DÉPARTEMENT

Le corps professoral et le personnel

LE personnel initial de la Manhattan Trade School, 1902-1903, était composé d'un directeur, d'un secrétaire exécutif, de 4 superviseurs (exploitation, couture, collage et art), de 5 instructeurs et contremaîtres, de 4 ou 5 assistants et ouvriers occasionnels, d'un concierge. , et 2 nettoyeurs. Le personnel actuel, 1909-1910, comprend (1) *l'administration de bureau* , 11 : directeur, secrétaire exécutif, secrétaire adjoint, 2 sténographes (bureau et placement), secrétaire de placement, enquêteur, commis d'affaires, acheteur et 2 assistants (dossiers, téléphone, etc). (2) *Corps enseignant, surveillants et surveillants adjoints* , 7 : couture, atelier de couture, fonctionnement électrique, chapellerie, nouveauté, éducation physique, art. *Instructeurs, enseignants et contremaîtres* , 11 : Académique, 2 ; Couture, 3 ; En fonctionnement, 5 ; Art, 1. *Assistants* , 14 : Couture, 7 ; Nouveauté, 3 ; En fonctionnement, 1 ; Éducation physique, 2 ; Art, 1. (3) *Docteur.* (4) *Entretien du bâtiment* , 7 : ingénieur, concierge, machiniste, nettoyeurs 2, garçon d'ascenseur et veilleur de nuit.

ADMINISTRATION

Conditions d'admission

I. Âge : quatorze à dix-sept ans. La loi exige qu'un enfant reste à l'école publique jusqu'à quatorze ans. La Manhattan Trade School a constaté qu'une fille de moins de quatorze ans est trop immature pour se spécialiser dans un métier et qu'au-delà de dix-sept ans, la plupart des filles sont trop matures pour s'intégrer au travail prévu pour la majorité de la classe.

II. Niveau d'école publique : 5-A ou plus. La matière de niveau 5-A ou son équivalent est exigée par l'État avant qu'un enfant puisse partir travailler. Si, pour cause de maladie ou pour toute autre raison valable, une fille n'a pas atteint cette note, elle est admise à l'école de métiers avec l'autorisation spéciale du directeur de la dernière école fréquentée et, pendant qu'elle étudie son métier, la scolarité nécessaire lui est rattrapée par cours spéciaux et coaching. Le Conseil de santé reconnaît ce substitut.

Les notes des filles admises depuis le début sont indiquées dans le tableau suivant :

NOTE À LA SORTIE DE L'ÉCOLE

	En dessous	Pour cent de	Pour cent de	Pour cent de	Pour cent de	Pourcentage de	Pour

	de la cinquième année pour cent.	cinquième année .	sixième année .	septième année .	huitième année .	diplômés .	cent du lycée .
190 2	8	19	35	26	2	dix	0
190 3	11	18	19	29	6	15	2
190 4	6	11	15	25	16	25	2
190 5	7	15	19	19	17	19	4
190 6	8	16	20	23	17	13	3
190 7	7	dix	25	23	15	18	2
190 8	4	15	26	20	13	16	6

En 1908, 143 femmes âgées furent admises dans un atelier spécial ouvert aux « chômeurs ».

III. Le dépôt de documents de travail est exigé pour les filles de moins de seize ans.

1. Aucune fille de moins de seize ans ne peut travailler à New York sans avoir un certificat de travail délivré par le Conseil de la Santé, et seulement de 8 heures du matin À 17 HEURES , ou pendant huit heures par jour.

2. L'école publique fréquentée en dernier lieu par la jeune fille est responsable d'elle jusqu'à l'âge de seize ans, ou jusqu'à ce qu'elle ait ses papiers de travail, ou qu'elle soit renvoyée dans une autre école. Si elle est renvoyée à la Manhattan Trade School, sa fréquentation ne peut pas être rendue obligatoire, et elle peut y assister quelques jours, puis partir et travailler illégalement. Nos possibilités de suivi de tels cas sont limitées. Avec ses documents de travail au dossier , nous savons qu'elle n'échappe pas à la loi et qu'elle peut la licencier si elle ne réussit pas dans les filières de formation.

3. Exceptions : L'absence d'acte de naissance en bonne et due forme, en raison d'une naissance à l'étranger ou de l'incapacité de l'enregistrer par les fonctionnaires, peut empêcher l'obtention d'un certificat de travail. Une disposition spéciale est prise par le Conseil de Santé dans de tels cas et, en attendant l'ajustement, la jeune fille est admise sur notification de la date de délivrance future.

IV. Référence : Le nom d'une personne fiable est requis pour chaque étudiant candidat, afin de pouvoir communiquer avec quelqu'un en cas de difficulté de quelque nature que ce soit.

V. Candidature en personne : Chaque fille remplit une demande vierge en indiquant son nom, son adresse et son lieu de naissance, son père et sa mère, sa fréquentation d'une école publique, son expérience professionnelle antérieure, le cas échéant, le métier souhaité et sa référence. Celui-ci doit être rédigé à l'école, car la manière dont cela est fait constitue une grande partie du test d'admission.

Horaires d'admission

L'année scolaire commence en juillet, mais une fille est admise tous les lundis lorsqu'il y a une place libre dans le département dans lequel elle souhaite entrer. Le tableau suivant donne le relevé des admissions annuelles :

2 novembre	1902	(premier jour)	20
Reste de	1902		93
	1903		139
	1904		193
	1905		239
	1906		328
	1907		433
	1908		689
	1909		517
Total			2 651

Certains de ces étudiants ne sont pas restés assez longtemps pour suivre une formation approfondie, car les exigences du foyer imposaient même un petit salaire, et la jeune fille a dû rejoindre les rangs des salariés mal préparés.

Certains n'étaient pas adaptés aux conditions commerciales et se sont rapidement dissociés du chemin. Beaucoup ont persisté jusqu'à ce qu'ils aient suivi un cours supérieur à la durée moyenne de douze mois et se soient lancés dans les affaires avec un salaire proportionnellement plus élevé.

Enregistrements

I. Présence : 1. Tous les jours, du lundi au vendredi inclusivement. La méthode d'usine consistant à poinçonner les cartes de pointage par une horloge à l'entrée et à la sortie a été adoptée comme étant la plus exacte, la plus pratique et la plus rapide. Il enregistre l'heure exacte à laquelle il sonne et indique ainsi un retard ainsi qu'une absence.

2. Hebdomadaire. Une petite fiche de classement réglée sur cinquante-deux semaines résume l'enregistrement quotidien des fiches de pointage et n'exige la présence de notation qu'une fois par semaine. Ce fichier est subdivisé en départements puis en classes, de manière à faciliter le recueil des statistiques d'inscription.

II. Dossiers individuels : 1. Lors de l'admission, un dossier est établi pour chaque fille, quelle que soit la durée de sa présence. Celui-ci contient (1) les données fournies lors de la demande vierge copiées en détail ; (2) Aide aux étudiants, si accordée, montant, date et remarques.

2. Au moment du départ, les inscriptions sont faites sur la même carte de (1) date et cause du départ ; (2) enregistrer dans différents départements : arts, études, commerce et santé ; (3) certificat : type, enregistrement, date. Ceci n'est accordé que lorsque l'élève a fait preuve de satisfaction dans son métier, tant à l'école que dans les affaires ; (4) Dossier professionnel : au verso de la carte se trouve le « dossier commercial après la fin de l'école », avec des colonnes pour la date, l'employeur, le type de travail, le salaire, les remarques. Le secrétaire de placement s'en tient au courant au moyen de visites et de lettres fréquentes et constitue la base de nombreuses déductions précieuses quant aux résultats pratiques de la formation.

III. Les autres dossiers conservés dans les départements sont (1) Aide aux étudiants : demande et informations ; (2) Santé : examens d'entrée et réexamens futurs ; (3) Département : enregistrements de chaque fille lorsqu'elle passe d'une classe à l'autre, tels que "l'attitude", la vitesse et l'habileté.

Durée de l'année

L'école est en session quarante-huit semaines chaque année, quatre semaines étant accordées jusqu'à une semaine de vacances à Noël, Pâques, le 4 juillet et la fête du Travail. La session d'été est le début du travail régulier et non une unité de formation d'été. Personne n'est admis uniquement pour l'été, car le délai est trop court pour se rapprocher des véritables normes commerciales.

Frais de scolarité

Les cours sont absolument gratuits. La Manhattan Trade School vise à atteindre les filles les plus pauvres qui ont peu de chances de progresser rapidement à moins que quelqu'un ne les aide. Pour y parvenir le plus efficacement possible, il est parfois nécessaire de l'assister. (Voir le rapport du Student Aid Work.)

Choix du métier

Une jeune fille, sur demande, peut sélectionner le métier dans lequel elle souhaite se lancer. Si après un mois d'essai elle se révèle compétente, elle est autorisée à continuer ; dans le cas contraire, il lui est conseillé de changer de département ou de chercher un emploi dans un travail non enseigné à l'école de métiers. Si une fille n'a pas le choix d'un métier parce qu'elle ignore les possibilités, on lui montre les métiers qui lui sont enseignés et on lui donne la possibilité de faire un choix. Si alors elle est indécise, il lui est conseillé de prendre ce qui lui semble le mieux adapté au temps qu'elle peut passer et au type de fille qu'elle apparaît.

Gestion d'entreprise

Aussi simple qu'une école soit, une certaine comptabilité est nécessaire, et lorsque le fonctionnement de l'école est combiné à la gestion des fournitures et des reçus des commandes commerciales, le problème devient très compliqué. (Voir Travail sur les ordres commerciaux.)

I. Général : Un système de tenue de livres à jour du grand livre général, du livre des factures et des pièces quotidiennes, avec des détails élaborés dans la petite caisse et les livres d'entretien, a été adopté. Ces quelques livres simples distribuent de telle manière les comptes de dépenses et les recettes qu'on peut bientôt voir le statut de toute l'école ou d'un seul département. Toute la comptabilité est centralisée dans un seul bureau, à l'exception de la prise des commandes et des détails de leur exécution, qui doivent être confiées au service concerné.

II. Départemental : 1. Formulaires de demande pour les achats effectués. 2. Commande vierge et duplicata pour la commande donnée par le client. 3. Des relevés de temps, dans la mesure du possible, pour obtenir un enregistrement exact de la valeur temporelle du travail effectué. 4. Bordereaux de matériel, pour tenir compte de ce qui a été inclus dans les commandes. 5. Facturation finale, pour fournir des données sur les factures envoyées depuis le bureau principal et des duplicatas déposés là-bas pour les enregistrements finaux.

But

Former les filles à travailler sur des machines à coudre fonctionnant à l'électricité et mettre un penseur derrière chaque machine en tant qu'opérateur. Le département espère qu'en suscitant un intérêt intelligent pour l'outil, *je . e.* , la machine, pour attiser l'ambition des travailleurs. Ce n'est que grâce à une utilisation intelligente de l'outil et à l'amour du travail qui en découle que nous pouvons espérer fournir les ouvriers qualifiés de demain. Cette formation doit être donnée pendant que les filles sont en période de formation, pour développer des habitudes de pensée et d'action qui contrecarreront les effets néfastes sur le travailleur qui suivent la division et la subdivision du travail, avec pour conséquence la subdivision des capacités, qui a lieu dans toutes les usines. aujourd'hui. Lorsqu'un élève a été parfaitement formé à l'utilisation intelligente de son outil, lorsqu'il a appris à fabriquer des vêtements complets, si, par la force des circonstances, comme l'implique la production moderne, il est obligé d'effectuer indéfiniment un processus sur la machine, ou pour fabriquer une partie d'un vêtement, elle détient toujours la balance du pouvoir en étant prête à faire autre chose lorsque l'occasion ou la nécessité l'exige.

Étapes générales de la formation

I. Il faut accorder à l'élève un court laps de temps pour s'adapter à l'environnement de l'atelier, c'est pourquoi on lui confie d'abord un travail simple, comme déchirer ou découper de vieux vêtements. Cela lui donne la liberté d'utiliser ses mains pour regarder autour de l'atelier et de s'habituer à la vue ainsi qu'au bruit des machines en action.

II. L'élève apprend à contrôler la puissance avec laquelle la machine fonctionne, et acquiert ensuite une compréhension intelligente du mécanisme de la ou des machines qu'il doit faire fonctionner.

III. L'élève commence alors son travail régulier et son sentiment de responsabilité à l'égard de la valeur du *temps* est éveillé, c'est-à-dire que ses secondes, ses minutes, ses heures, ses jours, ses semaines et ses mois sont désormais des facteurs importants dans sa vie, et ils peut être utilisé pour le bien ou le mal. Dans la langue du département, le temps peut être dépensé sagement ou bêtement et, pendant ses études à la Manhattan Trade School, sept heures par jour de la vie d'une jeune fille sont consacrées à un travail productif et doivent être prises en compte. Le ministère a développé son propre système de rémunération au temps, qui ressemble beaucoup au système de travail aux pièces utilisé dans le commerce. En récompensant le temps bien dépensé, il fait comprendre aux élèves, comme aucune forme de punition ne pourrait le faire, que le temps perdu est révolu à jamais.

Le département est divisé en cinq classes, dont trois doivent être suivies pour devenir un opérateur polyvalent, à savoir : Elémentaire, cours de deux mois ; Cours intermédiaire de quatre mois ; Cours avancé de six mois. Dans le commerce, les salaires pour ces postes varient entre 5 et 15 dollars. Les deux autres classes forment des spécialistes des machines électriques, des machines spéciales de toutes sortes, des machines à coudre la paille. Les travaux sur machines spéciales nécessitent en plus du cours complet d'exploitation générale, de trois mois à un an. Les salaires varient de 6 $ à 30 $. Un ouvrier expert est en charge de chaque cours.

Déroulement du travail

Cours opérationnel régulier :

1. Contrôle du pouvoir : apprentissage des noms et des utilisations des pièces des machines. Confection de sacs, vêtements et matériel d'opérateur.

2. Coutures droites et biaisées, à égale distance les unes des autres.

3. Coutures en biais espacées à partir de mesures données.

4. Faire et tourner des coins carrés, coudre des bords épais pour la pratique de la tension.

5. Machiner le tablier de table, en utilisant les anciens principes. Ceci est utilisé pour protéger l'opérateur des arbres et de l'huile.

6. Coutures : Couture simple, couture simple et bande ; Couture française ; couture du sac sur la chaîne ; couture de sac, une chaîne et un biais ; couture sac, deux biais.

7. Ourlet : ourlets de différentes tailles tournés à la main pour des mesures correctes ; les ourlets passent à travers l'ourleur pour apprendre à utiliser l'attachement et donner de la vitesse ; coutures à travers l'ourlet - couture du sac, tombé à plat.

8. Quilting : suivant les dessins réalisés par les élèves du département d'art. Entraînement au contrôle de la puissance, démarrage et arrêt de la machine à un moment donné.

9. Bandes : Bandes droites et biais placées par mesure à partir d'un dessin réalisé au département artistique. Pratique pour la couture des bords, les virages et la précision des mesures.

10. Coutures avancées sur tissu et soie : couture de flanelle, couture de fente, couture de parapluie.

11. Jougs confectionnés et mis : Jougs ronds – jupons ; devant rond et dos droit : tiroirs et jupons ; empiècements en biais – taille ; empiècements

façonnés – tabliers ; empièckements ronds : robes pour enfants ; joug d'angle en onglet - robes.

12. Repliage : Repliage à main libre pour plus de précision dans la mesure et l'utilisation de la règle ; pliage spécial sur la longueur et la largeur de différents matériaux pour donner de la rapidité et de l'habileté dans la manipulation de différents tissus.

Construction générale : Stock commercial et travail sur commande (voir Travail sur commande) : Slips pour nourrissons, sous-vêtements pour enfants ; barboteuses pour enfants; robes pour enfants; sous-vêtements pour femmes; tailleurs de chemises; tabliers; robes d'intérieur; des négligés fantaisie.

Travaux spéciaux sur machines :

Boutonnières ; rentrer; travail à deux aiguilles; ourlets; broderie Bonnaz (Corneli); broderie à la main à la machine, festonnage. Seuls les étudiants ayant des capacités particulières sont aptes à suivre ce cours. Une fille sur quinze possède généralement l'application et la maîtrise de soi nécessaires pour faire fonctionner avec succès une machine spéciale. Chaque machine est spécialisée, *je . e.* , fait son propre travail particulier et aucun autre. L'opérateur a besoin d'une attention patiente aux petites choses afin d'obtenir de bons résultats. De telles machines sont censées n'avoir besoin que d'une main derrière elles pour guider le travail. Notre expérience nous a prouvé que de bons résultats ne sont obtenus que lorsque l'intelligence et la patience sont des facteurs déterminants. Dans les usines, les machinistes maintiennent en ordre les machines spéciales, mais l'école vise à former l'opérateur à maintenir sa propre machine en bon état, lui faisant ainsi gagner un temps précieux.

Le travail de broderie de Bonnaz (Corneli) offre d'excellentes opportunités de corrélation avec le département artistique. Tant le Bonnaz (Corneli) que la broderie à la machine doivent être palpés dans les muscles avant de pouvoir être exécutés sur le tissu, c'est pourquoi le travail au crayon pour réaliser les dessins qui doivent être exécutés sur la machine est de première importance. Les dessins à main levée doivent d'abord être réalisés avec de grands mouvements libres sur la machine jusqu'à ce que les muscles des bras soient parfaitement familiers avec la courbe, le balayage et la sensation à exécuter. Une fois la maîtrise du mouvement et du balayage acquise, les mêmes dessins peuvent être réduits dix ou vingt fois et l'élève les élaborera toujours dans un rythme parfait. Une fois la maîtrise du mouvement acquise, les travaux d'encordage, de tressage et d'attache à trois fils sont facilement appris par un élève qui possède le sens mécanique nécessaire. Le cours de travail de Bonnaz (Corneli) couvre : le point de chaînette, le lettrage, le travail d'appliqué, le cordage, le tressage, le travail à trois fils.

La broderie machine à la main doit être dispensée en complément de la broderie Bonnaz (Corneli). Il donne une excellente formation en matière de design et de couleur.

La couture de paille à la machine spéciale devrait également être abordée après le cours régulier d'exploitation. Il donne un excellent exercice pour une manipulation rapide du matériau, mais constitue en lui-même une mauvaise base sur laquelle construire un opérateur minutieux, expert et polyvalent. La rapidité est la première condition pour obtenir un chapeau bien façonné, car la tresse de paille passe à travers la machine à la vitesse de quatre mille points par minute ; c'est pourquoi l'opération générale est confiée d'abord à l'élève pour l'entraîner à la propreté requise. Comme la couture de la paille connaît de longues saisons creuses, l'opérateur peut pendant ces périodes reprendre son activité normale.

Département de couture

But

Le but du Département de Couture est de former les jeunes filles aux éléments du métier de couture, afin de leur permettre d'obtenir immédiatement un emploi comme amélioratrices et finisseurs ou comme assistantes aux jupes, aux tailles et aux manches, et de leur donner une préparation qui leur permettra aidez-les éventuellement à accéder à des postes de compétence et de responsabilité. La formation élimine les étapes de coursier et d'apprentissage et permet d'obtenir un salaire décent au départ. Le résultat s'obtient en neuf à dix-sept mois, la durée dépendant entièrement des capacités de la jeune fille, de sa condition physique, de son application à son travail, de sa régularité d'assiduité et de sa formation antérieure.

Des classes

Le département est divisé en trois sections : (1) L'élémentaire, qui comprend deux classes pour l'enseignement des travaux simples de couture et de machine. Cette section est rendue nécessaire par la mauvaise préparation des étudiants à l'entrée. Il serait non seulement pratique mais souhaitable que les écoles primaires publiques et industrielles forment leurs étudiants de manière à ce qu'ils puissent omettre cette partie du cours de la Manhattan Trade School. (2) Le professionnel. Cette section comprend également deux classes. Le travail a un caractère commercial , mais il faut consacrer beaucoup de temps à développer de bonnes habitudes de travail ainsi qu'à apprendre des types spécifiques de travaux manuels. Les écoles secondaires publiques pourraient mettre à profit cette section et, grâce à elle, former les élèves à une meilleure connaissance du foyer ou à des moyens de subsistance futurs. (3) La Section Commerce. Il s'agit d'un magasin d'affaires qui reproduit le plus fidèlement possible les conditions du commerce et qui est subdivisé en mêmes divisions progressives. Bien que l'objectif soit de travailler comme le fait le commerce, l'objectif éducatif est également important et le programme de formation a été conçu dans ce sens. Le travail sur commande joue un rôle important dans cette section, car il permet la quantité et la variété de matériel nécessaire pour fournir les nombreuses répétitions des phases importantes de la couture, les nouvelles vues des anciens principes et la fabrication élaborée des costumes qui sont nécessaires à la formation. . Il serait impossible pour une école de traiter de manière adéquate les nombreuses variétés de vêtements de ce métier sans un équivalent pour le travail sur commande. L'utilisation de modèles ou de matériel de pratique n'est pas satisfaisante en raison de la grande différence entre les connaissances théoriques et pratiques dans la manipulation de matériaux précieux. Une fille peut apprendre à faire de jolis replis sur une étamine, mais cela ne lui permettra pas de réaliser des replis manuels satisfaisants sur de la mousseline. Ce n'est pas non plus un principe éducatif ou économique correct de découper des quantités de bons matériaux, que les étudiants considéreront comme des « chiffons », puis, après avoir travaillé dessus, de les jeter dans une poubelle ou de les vendre simplement pour obtenir débarrasser d'eux. Pour obtenir les meilleurs résultats dans n'importe quelle filière d'enseignement, il faut de l'intérêt et de l'enthousiasme. L'objectif doit donc être précis et les résultats essentiels. Le travail est prévu pour favoriser ces qualités supérieures. Les étudiants produisent des articles pour un usage précis ; on leur donne un délai requis pour terminer les travaux ; le commerce lui-même fixe la norme du jugement, et il existe une relation définie entre le travail de toutes les classes, de sorte que les anciens principes peuvent être reconnus lorsqu'ils sont présentés sous des formes nouvelles.

Cours de travail

I. Section Élémentaire. (1) Cours pour débutants. Tout d'abord, chaque fille passe un test à son entrée, ce qui permet à son instructeur de juger de ses capacités en couture. Il s'est avéré nécessaire, dans la majorité des cas, d'enseigner la totalité ou la plus grande partie des principes suivants : l'emploi des ustensiles de couture, la confection des points, leur application dans les articles et le fonctionnement de la machine à coudre. La deuxième étape a donc consisté en un travail portant sur l'utilisation de ces principes nécessaires, chaque fille commençant là où elle avait besoin de formation. Troisièmement, le test final. A l'issue de cette formation très élémentaire, un test est administré pour démontrer la capacité de la jeune fille à travailler, à réfléchir et à utiliser des idées. Si elle n'est pas encore complètement préparée, on consacre davantage de temps à souligner les points dont elle a encore besoin.

Le travail dans la classe des débutants s'effectue sur des articles qui ont une valeur commerciale et qui sont vendus aux clients ou aux étudiants pour environ le prix des matériaux. L'école fournit le matériel pour tous les travaux élémentaires, mais les élèves doivent fournir leurs propres outils et les maintenir en bon état. Il s'agit notamment d'un dé à coudre, d'aiguilles, de ciseaux, d'un ruban à mesurer, d'un émeri et d'un tablier blanc.

L'enseignement en classe suivi de critiques individuelles est la méthode d'enseignement de la section élémentaire. L'accent est mis sur le bon usage des ustensiles, la position du corps et la manipulation du travail. Des dossiers individuels sont conservés sur la qualité du travail et le temps nécessaire pour résoudre un problème. Le cours dure de deux à trois mois et les étudiants travaillent quatre heures et demie par jour.

APERÇU DU TRAVAIL EN CLASSE POUR DÉBUTANTS

1. Points et formes spéciales de couture : faufilage, passage, surfilage, surfilage, ourlet, points invisibles, couture de boutons (deux trous , quatre trous), boutonnières, points de plumes.

2. Coutures : Unies ; lisières et bords bruts ; Français; abattu; bords droits et biaisés ; excessif.

3. Coutures à la machine : coutures et rangées droites ; ourlets; face-à-face – points ; utilisation de tucker.

4. Principes : Mesures, coutures, ourlets, replis, coupe au fil ; rayures assorties ; tourner et faufiler les ourlets ; fabrication de boîtiers pour cordons de serrage; mettre en bande, à la main, à la machine, une et deux pièces ; mettre les cordes en bandes; finition des extrémités des ourlets ; mettre des poches – droites et façonnées ; patte unie; couper des bandes de biais; assemblage de bandes de biais ; parement de bords courbes et droits (emmanchures, col, taille, pointes) ; joindre la taille et la jupe avec un biais ; faire un volant droit rentré; insérer un volant sous le repli de la jupe ; déchirer.

5. Articles utilisés dans l'ouvrage (cette liste est modifiable à volonté et n'est que représentative) : Travail manuel - Coussin à épingles, sac, serviette, tablier blanc à volant. Travail à la machine – Ceinture, tablier à carreaux vichy, robe d'enfant avec taille, tablier d'uniforme.

6. Travaux complémentaires : sacs à chaussures, étuis en argent, étuis, bavoirs, sacs en soie, sacs à repriser, livres à aiguilles, étuis de voyage, bonnets pour bébés et ouvrages de caractère similaire.

7. Matériaux utilisés : Coton, lin, soie.

(2) Classe intermédiaire. La classe débutant consacre la majeure partie de son temps à la couture à la main, la classe intermédiaire met l'accent sur la couture à la machine. Le travail est une répétition des principes enseignés dans le cours pour débutants, mais il est présenté de manière différente, avec de

nouvelles applications. Les commandes sont prises auprès de particuliers ou d'entreprises pour les vêtements confectionnés dans le cadre de ce cours. Le prix est celui du commerce. Ces commandes fournissent un marché pour toute la production de la classe. Un certain nombre d'instructions en classe sont dispensées, mais les filles sont censées effectuer un travail indépendant sous surveillance.

APERÇU DU TRAVAIL EN CLASSE INTERMÉDIAIRE

1. Révision des anciens principes sur les nouveaux vêtements : (1) Couture française : bords droits, combinaisons pour bébé et chemises de nuit. (2) Ourlets, (*a*) droits, (*b*) tournés à la main, sur tabliers de princesse, bloomers, manches, etc., (*c*) tournés à la machine — ourlets sur volants, pour tiroirs et jupons. (3) Surfilage – coutures des jupes. (4) Boutonnières – tous les vêtements. (5) Pattes de boutonnage : ourlets unis, sur jupes, combinaisons pour bébé. (6) Bandes de biais : joignant et appliquant sur les bords droits et incurvés, sur les tabliers de princesse, les tiroirs, le haut du jupon. (7) Volants : joindre, mesurer et appliquer sous le repli, sur la jupe et les tiroirs. (8) Instruction de la machine : enfilage, réglage des aiguilles, bobine de bobinage, échelle de fil, aiguille et point.

2. Nouveaux principes : (1) Bords plats et biais sur les tabliers et les tiroirs de princesse. (2) Bords en forme de couture française dans les coutures du jupon. (3) Boucles—sur les jupons et les sacs de pansement. (4) Ourlets : bords façonnés des jupes à godets, des tabliers et des chemises de nuit de princesse, des combinaisons pour bébé et des robes pour enfants. (5) Overhanding : pièces sur les chemises de nuit, volants et dentelles sur les sous-vêtements. (6) Pattes de boutonnage – placées dans les tiroirs, les jupons, les bloomers et les jupes habillées. (7) Bande de biais—à appliquer sur le haut des volants des jupons et des tiroirs. (8) Biais : housse de corset et chemise de nuit. (9) Volants : finition avec des bandes de biais sur le jupon et les tiroirs. (10) Poignets : fabrication et application sur des chemises de nuit, des combinaisons pour bébés, des barboteuses et des robes d'intérieur. (11) Manches—rassemblées sur l'envers et enfilées dans des slips, des chemises de nuit, des sacs de pansement, etc. (12) Repassage. (13) Coudre des crochets et des œillets sur les jupons. (14) Instruction sur les machines concernant le nettoyage, le huilage et les accessoires.

3. Liste des articles confectionnés pour stock et commande : Tabliers — princesse, servantes, fantaisie. Vêtements pour femmes : sacs de toilette, chemises de nuit, kimonos, robes de détente, robes de maison, chemises, tiroirs, jupes (lavables, mohair, soie), cols et housses de corset. Vêtements pour enfants : chemises de nuit, tiroirs de nuit, tiroirs, jupes, barboteuses, robes et tabliers.

4. Matériaux utilisés : Coton, soie, laine et laine peignée.

II. Section professionnelle. La demande croissante de prêt-à-porter a ouvert un nouveau champ pour les filles obligées d'entrer dans le monde des affaires dès que la loi leur permettra de quitter l'école. Cela nécessite une finition manuelle des tailles fantaisies et des robes unies et fantaisies, qui sont confectionnées par dizaines sur des machines fonctionnant à l'énergie électrique. Il n'est pas nécessaire d'avoir des connaissances en couture proprement dite pour pouvoir réaliser ce travail. La capacité de réaliser rapidement un bon travail manuel est une condition préalable. Dans certains établissements, il existe des possibilités pour les jeunes filles capables de passer du rang de finisseur à celui de drapier, ce dernier poste étant bien rémunéré.

La production de sous-vêtements, de tailles et de robes raffinés et faits à la main est une autre opportunité pour les filles qui ne peuvent prendre que peu de temps pour se préparer à gagner leur vie. Un travail de ce genre est d'un niveau beaucoup plus élevé que celui du finissage en gros et exige la capacité d'effectuer un travail manuel et mécanique extrêmement bon. Le travailleur doit être capable de manipuler les matériaux les plus raffinés et d'effectuer les travaux les plus complexes, tels que le montage à la main, la mise en dentelle et la passementerie.

Bien que le cours de la Section Professionnelle forme à des branches spécifiques, il est indispensable que tous les étudiants en couture aient une expérience dans ces domaines afin d'être mieux préparés à la couture proprement dite. Toutefois, si une fille a la capacité d'effectuer le travail de ces cours, elle est autorisée à sauter l'un ou les deux cours.

Cours de travail dans la boutique de gymnase et de maillots de bain : Les étudiants sont formés pendant un ou deux mois à l'assemblage, à la couture et à la finition des vêtements. Comme il n'existe que deux types de vêtements, la rapidité s'acquiert et une certaine précision s'acquiert grâce à beaucoup de répétition. Des dispositions précises ont été prises par l'intermédiaire des grossistes pour l'écoulement du produit. Le matériel est fourni par l'école. Le prix est celui du commerce.

(1) Articles : maillots de bain (brevetés), maillots de bain et maillots de gymnase. (2) Matières utilisées : Coton, laine, peignée.

Déroulement du travail en classe de travail blanc : La formation précédente ayant été une formation générale sur la précision, la rapidité et la maîtrise de l'esprit et de la main, l'attention est maintenant accordée pendant deux mois et demi ou trois mois au travail de détail et à la manipulation et garder frais et propre les produits en coton les plus délicats. Le matériel est fourni par l'école et les œuvres sont vendues aux clients aux prix du commerce.

(1) Principes : replier à la main, rouler et fouetter, couper les coins, couper en surplomb, insérer de la dentelle et de la broderie à la main et à la machine, des points de plumes fins et de la broderie blanche à la main. (2) Vêtements en stock et en commande ; sous-vêtements fins, tailles et vêtements de bébé. (3) Matière utilisée : coton.

III. Section commerciale—La boutique commerciale. Le commerce exige des travailleurs qualifiés et la préférence est donnée à ceux qui ont reçu une formation pratique. La section commerciale vise à ajouter de l'expérience aux compétences en offrant aux étudiants le travail réel et les conditions exigées sur le marché extérieur. Le régime général est celui en vigueur dans les établissements de couture de taille moyenne.

La salle de travail a ses tables consacrées à des types de travaux distincts, les étudiants acquièrent une quantité définie de connaissances de chaque expérience et passent de l'une à l'autre aussi rapidement que leur capacité à en saisir les principes le permet. Chaque division est dirigée par un instructeur ayant une expérience pratique du métier, qui prépare et supervise le travail et exécute également les tâches spécialisées que les étudiants, en raison de leur manque d'expérience, ne sont pas en mesure d'accomplir.

On n'enseigne pas aux filles la coupe, l'essayage et le drapage, car le métier ne permettrait pas à une jeune fille de seize ans de s'essayer à ce travail en raison de son manque de jugement et d'expérience ; mais ils ont la possibilité de voir et d'aider à la préparation des travaux. Aucune fille dans l'atelier de commerce ne confectionnera un vêtement complet, mais elle aura travaillé plusieurs fois sur toutes les pièces.

Les commandes personnalisées fournissent du travail à la boutique. Les clients sont interrogés, des mesures sont prises, des devis sont donnés et des dates d'essayage sont planifiées. Les informations obtenues sont enregistrées sur des blancs préparés à cet effet. Les matériaux sont achetés, les vêtements coupés et les différentes parties (jupes, tailles, manches) sont livrées aux tables où s'effectuent ces travaux. Des formulaires sont prévus pour l'enregistrement de tous les matériaux utilisés pour le travail des clients, et à partir de ceux-ci les factures sont établies au bureau principal. Les stocks sont obtenus dans les magasins uniquement sur demande signée. Le commis au stock mesure et livre les matériaux et note le montant retiré sur chaque colis.

Cours en atelier de couture :

1. Doublures : Taille (matériel d'entraînement) : bâti, couture, pressage, reliure, désossage (baleine, os de plume) ; crochets et yeux; orienté vers; couvert.

2. Chemises de taille et uniformes d'infirmières : Anneaux de recouvrement ; confection de poignets de chemise ; confectionner une patte de boutonnage à la taille d'une chemise ; mettre des tour de cou.

3. Jupes : Jupons ou jupes tombantes pour ; badigeonner, coudre, presser; coutures, bandes, pattes de boutonnage ; couper, épingler, mettre un bandeau.

4. Jupes garnies : Coutures glissées ; plis de modiste et plats; couvrir les boutonnières; reliure, froncement, cordage, repliage, passepoil, parement, tressage.

5. Tailles ajustées : Application des principes ; expérience dans la fabrication et l'application de coupes et la manipulation de matériaux délicats ou périssables.

6. Manchons garnis : Application des connaissances générales et de l'expérience dans l'application des passementeries.

7. Vêtements confectionnés en boutique : Tailleurs de chemise, sacs et capes de fantaisie ; uniformes d'infirmières et de bonnes; robes de danse; tailles élaborées; robes de rue, d'après-midi et de soirée; costumes sur mesure.

8. Matériaux utilisés : Toutes variétés de tissus vestimentaires en coton, lin, soie, laine et laine peignée ; mousseline, mousseline et passementerie de toutes sortes.

IV. Résultats de la formation. Un changement dans l'apparence générale des filles apparaît bientôt, dont la capacité à confectionner leurs propres vêtements et l'influence raffinée du bon travail sur de bons matériaux sont probablement responsables. Les éléments du bon ordre, de l'obéissance, de la prévenance, du jugement, de la maîtrise de soi, de l'industrie et de l'économie sont encouragés, et tous les efforts sont déployés pour faire des travailleurs intelligents.

Le fait qu'en entrant dans le métier, les filles de l'école de métiers reçoivent près du double du salaire accordé aux filles sans formation indique qu'elles sont adaptées aux ateliers extérieurs.

V. Relations départementales. L'accent que les départements académique et artistique ont mis sur l'exactitude, le travail minutieux, l'appréciation des mesures, des distances, des couleurs et des formes a été d'une grande valeur pour les étudiants du département de couture. Le Département d'Exploitation a également contribué à former certains étudiants au travail sur des machines spéciales, leur permettant ainsi de réaliser des décorations vestimentaires. L'utilisation de la machine électrique dans les établissements de couture sur mesure est en augmentation.

VI. Relation commerciale. Le département est tenu en contact étroit avec les conditions du commerce par des visites personnelles, par l'intermédiaire des maisons qui achètent sa production et de celles à qui le stock est acheté. De nombreuses opportunités d'achat de matériaux à des tarifs réduits ont été obtenues grâce à l'intérêt bienveillant du commerce.

Un conseil consultatif, composé d'hommes et de femmes d'affaires, a été nommé pour juger du plan de travail, du niveau et de la qualité du travail, ainsi que du coût et de la valeur marchande des produits.

DÉPARTEMENT DE CHAPELLERIE

But

L'objectif du département de chapellerie est de former des assistants, des améliorateurs, des encadreurs et des préparateurs pour les ateliers de vente en gros et sur mesure.

De courte durée

Lorsque ce département a été ouvert pour la première fois, l'étendue du travail pour les cours de jour était beaucoup plus étendue et comprenait la formation des copistes, des designers et des modistes. La réduction des cours à une préparation plus élémentaire a été provoquée par un sentiment d'insatisfaction à l'égard de ce métier pour les ouvriers jeunes, non formés ou partiellement qualifiés. Des contacts étroits et continus avec les ateliers de chapellerie ont montré que pour les jeunes salariés, un petit salaire initial et une augmentation peu rapide sont habituels ; qu'un engagement court, irrégulier et saisonnier est presque inévitable ; qu'une longue expérience est nécessaire avant même que la jeune fille instruite puisse accéder aux postes les plus élevés ; que les jeunes travailleurs se découragent et sont susceptibles d'abandonner complètement leur métier, même pour des salaires inférieurs, s'ils peuvent obtenir un emploi stable dans une autre profession. Comme c'était une jeune fille de quatorze ou quinze ans qui venait pour l'instruction, il valait mieux qu'elle soit bien formée comme assistante plutôt que de la retenir à l'école pour un poste plus avancé qu'elle ne serait probablement pas autorisée à occuper. compte de sa jeunesse et de son inexpérience. Les étudiants de ce département doivent être surveillés avec un soin particulier pour déterminer s'ils sont bien adaptés à leur profession, et le travailleur médiocre aurait intérêt à s'orienter vers un autre domaine où les opportunités pour elle sont plus encourageantes. Comme les progrès sont lents, la jeune fille dont la pauvreté la pousse à devenir salariée ferait mieux de ne pas choisir ce travail.

Les cours du soir offerts à l'école donnaient une formation aux lignes les plus avancées de la chapellerie. Les classes de jour sont également prêtes à le faire chaque fois que les travailleurs plus âgés estiment pouvoir consacrer du temps à l'enseignement.

COURS D'ENSEIGNEMENT

Durée du cursus : six mois.

1. Pratique : froncer, border, cordonner, ourlet roulé, pli uni, pli de modiste, et couper et assembler des pièces de biais.

2. Fabriquer et recouvrir des boucles et des boutons ; rubans et lacets de câblage; fabrication de doublures de chapeaux et de chapeaux de câblage.

3. Bandeaux : Fil, capenet et bougran.

4. Construction en fil de fer à partir des dimensions et des modèles ; fabriquer des cadres en bougran, en capenet et en saule rigide.

5. Couvrir les cadres avec de la crinoline, du capenet , du mull, de la maline et du saule mou.

6. Parements : unis, froncés et pliés.

7. Reliures : étirées, gonflées et roulées.

8. Plateaux : Simples et raffinés.

9. Fabriquer des chapeaux en paille, soie, mousseline, maline et velours.

10. Coudre des passementeries sur des chapeaux et coudre des doublures sur des chapeaux.

11. Rénovation : Ruban, velours, dentelle, plumes, fleurs.

12. Travail à la machine : coutures simples, plis, fronces, bandes de biais cousues sur le tissu.

Les commandes sont prises pour une quantité limitée de chapeaux garnis afin de fournir aux étudiants une expérience dans la préparation, la couture des garnitures et la finition du chapeau.

La chapellerie étant un métier saisonnier, il est conseillé aux étudiants de suivre en complément la confection de lampes et d'abat-jour de bougies au département Nouveautés, ou la couture de paille au département Exploitation. Ils bénéficient ainsi de bons échanges pendant les mois où leur propre métier est ennuyeux.

DÉPARTEMENT DES NOUVEAUTÉS

But

(1) Enseigner l'usage de la pâte et de la colle dans plusieurs bons métiers. (2) Un petit cours de fabrication d'abat-jour et d'abat-jour pour les filles qui ont

une saison maussade dans leur métier habituel en novembre, décembre et janvier.

Lignes de travail

Montage d'échantillons, travaux de nouveauté, fabrication d'écrins de bijoux et d'argenterie, fabrication d'abat-jour et d'abat-jour.

Métiers et salaires

Le montage d'échantillons consiste à coller ou à coller des échantillons de toutes sortes de matériaux sur des cartes ou dans des livres destinés aux vendeurs pour vendre des marchandises. New York est un centre pour ce type de travail. Il donne un emploi toute l'année à de nombreuses filles et offre des salaires allant de 5 à 15 dollars par semaine. Les lignes les plus simples de montage d'échantillons peuvent être apprises par presque toutes les filles. Un étudiant brillant peut apprendre ce métier en six mois.

Le travail de nouveauté consiste à recouvrir et à garnir des caisses et des boîtes avec différents matériaux. Les filles peuvent gagner entre 5 et 18 dollars par semaine et apprendre le métier en huit mois à un an.

Dans la fabrication de coffrets de bijoux et d'argenterie, les filles apprennent à couvrir et à aligner les coffrets ; ils gagnent entre 5 et 15 dollars par semaine. Il faut de huit mois à un an pour apprendre ce métier.

Fabrication d'abat-jour et d'abat-jour : Un cours de courte durée est offert aux bons couturiers qui souhaitent apprendre un métier qui leur donnera un emploi en novembre, décembre et janvier, qui est la saison la plus occupée dans ce métier. Les filles peuvent gagner entre 1 et 2 dollars par jour. C'est un très bon cours pour les ouvriers de la chapellerie, car le travail est similaire et donc facile à apprendre, et le temps libre en chapellerie est la période chargée dans ce métier.

Déroulement du travail

Tous les élèves entrant au département Nouveauté suivent un cours de courte durée sur le montage d'échantillons pour apprendre l'utilisation de la pâte et de la colle. Certains sont rapidement avancés vers le travail de nouveauté, tandis que d'autres continuent dans le montage d'échantillons, entreprenant une plus grande variété de travaux dans ce sens. Ceux qui participent à la fabrication de lampes et d'abat-jour de bougies ne prennent pas le montage d'échantillons, mais viennent de cours de chapellerie ou de couture, où ils ont suivi une certaine formation avec l'aiguille.

Interrelation avec le travail académique et artistique

Dans les classes académiques, les filles apprennent à prendre des mesures et ont des difficultés à estimer le coût des matériaux et de la main d'œuvre.

Leurs discussions portent sur les processus et matériaux réels utilisés dans les classes du département de nouveauté.

Dans les cours d'art, les filles sont formées à dessiner des lignes droites et des coins carrés, à couper les coins en onglet, à plier sur une ligne, à faire de bonnes lettres et de bons chiffres, et à apprécier les bonnes proportions et l'équilibre. Ce travail permet à l'étudiant de disposer ses échantillons en lignes droites sur la carte, avec des marges appropriées, et d'imprimer proprement sur la carte le nom des matériaux et les numéros de stock. La discussion sur les matériaux l'aide à découper et à placer ses matériaux sur les boîtiers afin que le design apparaisse sous son meilleur jour. Le travail des couleurs l'aide à choisir les meilleures teintes de rubans ou de doublures à utiliser avec les revêtements figurés.

Ordres

Là où les ordres d'échange peuvent être utilisés sans garder les filles trop longtemps sur un seul problème, ils se révèlent être une grande incitation et les aident également à acquérir de la rapidité. Les commandes privées donnent plus de variété dans le travail et permettent ainsi aux jeunes filles de s'adapter plus facilement aux nouveaux styles de chaque saison. Les commandes privées, cependant, étant moins nombreuses, n'aident pas les étudiants à acquérir la rapidité que le redoublement permet dans les grandes commandes commerciales. Chaque type de travail de commande est utilisé, car il peut être bénéfique au développement de l'étudiant.

DÉPARTEMENT ARTISTIQUE

Les programmes de travail du département d'art sont élaborés en fonction des besoins de chaque département professionnel. Diverses phases du travail dans la couture, l'exploitation de l'énergie électrique, la nouveauté et la chapellerie sont devenues des « centres d'intérêt ». Chaque fille trouve ainsi son art l'aidant à être plus valorisée dans son métier. Son enthousiasme est éveillé et elle est stimulée à s'exprimer directement dans le cadre du travail qu'elle a choisi. Les étudiants entrants ne possèdent pas les compétences techniques qui peuvent être utilisées dans leur métier. La première étape consiste donc à donner les exercices élémentaires nécessaires dans leurs départements. Vient ensuite un travail plus difficile et plus artistique à mesure que l'élève fait preuve de capacité.

Objectifs

Aider le travail des départements de métiers, améliorer le métier choisi par chaque étudiant, donner des idéaux.

Conditions

Durée moyenne d'un étudiant en art, sept mois, trois heures par semaine. Formation artistique antérieure peu ou pas du tout.

Des difficultés

Les élèves ne voient pas ou n'évaluent pas correctement ; ils ne sont pas exacts et manquent d'idéaux.

Organisation d'œuvres d'art

I. Cours *général pour tous* les étudiants, reliant le département d'art aux cours de métiers. Durée approximative, trois mois, trois fois par semaine.

1. Principes de proportion : Mesures à la règle et à main levée. Lignes et tailles associées, comme dans les ourlets et les marges.

2. Utilisation générale des principes : (1) Lignes horizontales, verticales et obliques pour la pratique des machines. (2) Marges et points connexes utilisés dans la rédaction de lettres, le placement ordonné du sujet sur une page.

3. Travail spécifique du département : les départements expriment leurs besoins au département artistique. (1) Fonctionnement de la machine : (*a*) Lignes : horizontales, verticales, obliques, pour la pratique de la machine. (*b*) Quilting, bandes, pratique pour les courbes et les coins carrés.

(2) Couture : (*a*) Lignes – horizontales, verticales, obliques, pour la pratique à la machine et à la main et le bâti sur mesure. (*b*) Ourlets et plis prescrits par le département et proportionnés au vêtement. (*c*) Dessin constructif — donnant différents angles et figures en vue d'une utilisation intelligente des motifs pour les tailles et les jupes. (*d*) Biais d'assemblage et coins en onglet.

(3) Nouveauté : (*a*) Lignes : horizontales, verticales, obliques, pour le montage d'échantillons. (*b*) Espacements pour le montage des échantillons. (*c*) Lettrages et chiffres pour le montage des échantillons. (*d*) Marges pour coller des étiquettes et des échantillons de différentes formes. (*e*) Pliage du papier, coins en onglet.

(4) Chapellerie : (*a*) Lignes – horizontales, verticales, obliques, pour la pratique de la couture à la main. (*b*) Problèmes de proportions pour les wireframes. (*c*) Parements en biais et coins en onglet et carrés. (*ré*) Couleur.

Les étudiants qui ne peuvent pas bénéficier davantage de l'œuvre d'art sont abandonnés du cours et consacrent ce temps à leur métier.

II. Cours *supplémentaire* destiné aux étudiants démontrant leurs capacités et ayant terminé le cours départemental prescrit. Durée approximative, sept à neuf mois.

1. Fonctionnement de la machine : (1) Première étape dans la conception, disposition des lignes droites dans les bordures et disposition ordonnée des

points dans les bordures. (2) Dessins au carré, au pochoir, pour la coordination . (3) Exemples de conceptions de lignes courbes, continues (limitation de la machine et de la vitesse). (4) Modèles pour les travaux pratiques pour la machine spéciale. (5) Ouvriers spéciaux pour pratiquer les exercices de la machine Bonnaz. (6) Couleur : trois tableaux. (7) Exercices de perforation.

2. Couture : (1) Modèles simples pour les chemises et pour le tressage. (2) Modèles de revers, poignets, gilets et empiècements. (3) Proportions de la figure. (4) Copie de magazines pour des détails techniques commerciaux. (5) Discussions sur la tenue vestimentaire des ouvriers du commerce. (6) Harmonie des couleurs dans les robes et leur application.

3. Chapellerie : (1) Esquisse de différentes vues des chapeaux. (2) Modèles d'esquisse. (3) Harmonies de couleurs et application. (4) Discussions sur la manière dont les principes artistiques peuvent être appliqués aux chapeaux d'aujourd'hui.

4. Nouveauté : (1) Dessins simples et carrés, dessinés au pochoir pour la coordination de la main et de la tête, non acquis dans le travail commercial. (2) Éclairage simple des mots et des phrases. (3) Les matériaux et la décoration à utiliser pour les blocs-notes, les ensembles de bureau et les boîtes ont été discutés et réalisés.

Dans ce cours supplémentaire, l'accent est mis sur la pensée, l'invention et l'appréciation de l'étudiant.

III. Cours *spécial* pour les étudiants qui font preuve de capacités artistiques inhabituelles et peuvent les utiliser dans le commerce.

1. Croquis de costumes pour la réalisation d'enregistrements dans les ateliers de couture.

2. Estampage et perforation : (*a*) Pratique de la machine : pédalage, guidage de l'aiguille, machine à enfiler et apprentissage du réglage des différentes pièces. (*b*) Estampage sur différents matériaux avec les différents supports ; composition des différents milieux, liquides et secs. (*c*) Copie de motifs pour la perforation ; étude de la nature pour les motifs ; les conventionnaliser pour les appliquer aux matériaux.

(Tous les modèles sont tels qu'ils peuvent être utilisés dans le commerce et sont fabriqués selon les méthodes commerciales.)

DÉPARTEMENT ACADÉMIQUE

But

I. Élémentaire : Pour compléter la scolarité antérieure. Les filles qui ont quitté l'école publique après avoir obtenu de faibles notes ont besoin d'un tutorat spécial dans les branches communes. Une instruction spéciale est également nécessaire pour les étrangers nouvellement arrivés.

II. Commerce : Pour vivifier et enrichir l'esprit, afin que la jeune fille puisse devenir une ouvrière commerciale plus efficace, intelligente et enthousiaste.

Le travail s'inscrit dans les matières suivantes : éducation civique, industries, arithmétique, anglais.

Instruction civique

Ce cours est donné pour permettre à l'élève de reconnaître sa place dans la famille, l'école, la communauté et dans le travail du monde. Faute d'un meilleur terme, cela s'appelle Civics. Il est traité sous deux titres : (1) La vie communautaire en général, (2) La vie communautaire à New York.

1. Sous le premier titre, la discussion sur la vie dans une communauté donnée est suivie par les faits simples qui sont à la base de la vie civique. Ceux-ci sont abordés à travers les intérêts ou les désirs que l'élève ressent en commun avec tous les autres. S'appuyant encore davantage sur l'expérience propre de l'élève, elle est amenée à appliquer les idées reçues à sa propre communauté, dont le champ d'action toujours plus large se propage du quartier ou de l'école à la ville, à l'État et à la nation.

L'éducation civique donne également aux élèves une connaissance des lois existantes sous lesquelles ils travailleront, de ceux qui élaborent ces lois et des moyens possibles pour les améliorer. Dans la discussion de sujets tels que les lois sur les immeubles d'habitation, les lois sur le travail des enfants et les syndicats, il est possible d'introduire l'économie domestique et commerciale qui s'est révélée précieuse. L'économie est en outre enseignée par la discussion détaillée de la répartition d'un revenu de 6 dollars par semaine pour cinquante semaines de travail, en tenant compte du prix de la voiture, des déjeuners, des économies, d'une part pour le soutien familial et d'une allocation pour les vêtements. La littérature pour ce cours provient du Département du Commerce et du Travail des États-Unis, du Département d'État de la législation sur les usines, de la Ligue des consommateurs, des comités nationaux et nationaux du travail et des magazines actuels. M. Arthur M. Dunn, « La communauté et le citoyen », en particulier des chapitres tels que ceux sur « La création des Américains », « Comment le gouvernement aide le citoyen dans sa vie professionnelle », « Le gaspillage et l'épargne », « Qu'est-ce que le La communauté fait pour ceux qui ne peuvent ou ne veulent pas contribuer à son progrès », a apporté une aide précieuse en menant des discussions qui ont une incidence directe sur la vie quotidienne et le travail.

2. Le schéma suivant montre le traitement de la deuxième division de l'éducation civique :

Ville de New York : (1) gouvernement municipal, (*a*) fonctionnaires, maire, commissaire, président d'arrondissement, échevins ; (*b*) Services municipaux. (2) Citoyenneté, (*a*) Qui sont les citoyens, (*b*) Comment devenir citoyen, (*c*) Devoirs et privilèges des citoyens, (*d*) Étrangers. (3) Lois sur le travail des enfants, (*a*) Fréquentation scolaire, (*b*) Documents de travail, comment les obtenir, (*c*) Heures de travail. (4) Lois sur les usines pour les filles de plus de seize ans. (5) Travail dans les ateliers clandestins. (6) Lois sur les immeubles d'habitation. (7) Syndicats. (8) Commerce et industries de New York. (9) Philanthropies.

les industries

Objectif : Fournir au travailleur une formation pour son métier et l'aider à trouver sa place dans le monde du travail d'aujourd'hui. 1. Une vision générale est adoptée des principales étapes du début de la course. 2. Les matières textiles sont discutées quant à leurs valeurs, leurs utilisations, leur coût, les procédés de leur fabrication, la comparaison des produits étrangers et nationaux, avec les raisons des différences, et les problèmes d'arithmétique connexes que les étudiants rencontreront. Ces sujets aident la jeune fille à « se rapprocher » de ce avec quoi elle travaille quotidiennement et à susciter son intérêt pour son lien personnel avec le sujet. La jeune Anglaise dont le père était autrefois employé dans une maison de dentelle à Londres apporte à la classe des spécimens montés de ce genre de travail manuel ; la Hongroise apporte des articles filés à la main de la tenue de mariée de sa mère ; l'Italien présente un écheveau de soie grège tiré du coffre au trésor familial et la jeune Roumaine apporte un couvre-lit brodé. L'élève dont la mère ne croit pas que le coton ait jamais poussé sur des buissons demande qu'elle puisse vérifier sa propre affirmation en rapportant à la maison une vraie boule de coton. Un musée du travail est en cours de création pour donner une réalité à l'enseignement, et des objets exposés, qui montrent les étapes de fabrication des tissus et d'autres articles familiers, sont installés dans la salle de classe en cas de besoin. Un tableau d'affichage met à disposition les nombreuses coupures de presse apportées par les élèves ou les professeurs.

Arithmétique

Objectif : L'objectif fondamental de l'arithmétique est de donner aux élèves des méthodes de travail pour résoudre les problèmes qui se posent dans la pratique du métier. Pour que la corrélation soit claire pour les filles, des méthodes de présentation et de phraséologie en atelier ainsi que le matériel habituel sont utilisés. Les étudiants en couture et en exploitation réalisent des ourlets, des fronces et des volants aux mesures réelles ; les filles de fantaisie coupent et arrangent les cartes pour les échantillons conformément aux exigences de leur atelier ; et les étudiants en chapellerie déterminent les mesures des montures de chapeaux aussi précisément que les différents styles le permettent.

Une fois les principes fondamentaux des problèmes commerciaux établis, l'arithmétique est développée davantage selon des axes commerciaux particuliers pour répondre aux exigences du monde des affaires. Le travailleur formé ne doit pas seulement être compétent dans la manipulation d'outils et de matériaux, mais il doit également être capable de calculer ses propres problèmes, tels que les estimations des vêtements, la manière de couper les matériaux de manière économique, le coût d'un vêtement ou d'un article en rapport avec le le coût de plusieurs produits du même genre, les prix et les questions commerciales similaires. La capacité de traiter ces sujets ajoute sensiblement à la valeur d'un travailleur qualifié.

L'objectif central du cours est d'amener l'élève à un calcul mental rapide et précis. Ceci est stimulé par de fréquents exercices oraux sur les problèmes commerciaux et les problèmes commerciaux impliquant des méthodes de calcul courtes. L'étendue et l'avancement de ce travail sont régis par les capacités de la classe.

Les schémas suivants montrent l'adaptation de l'arithmétique aux différents métiers :

Fonctionnement : (1) Découpe des jauges, (*a*) Pour les ourlets, (*b*) Pour les plis. (2) Problèmes de tucking, (*a*) Avec des jauges, (*b*) Comme problèmes d'arithmétique formel. (3) Problèmes de froissements. (4) Problèmes de temps, horaires du département comme base du travail. (5) Problèmes d'usine. (6) Revenus, dépenses, épargne. (7) Factures et reçus. (8) Calcul de la quantité de matériau nécessaire pour les vêtements, (*a*) En mesurant les vêtements, (*b*) En utilisant des motifs sur le tissu, (*c*) Économie de matière. (9) Problèmes basés sur le travail ci-dessus. (10) Problèmes civiques.

Couture : (1) Découpe des jauges, (*a*) Pour les ourlets, (*b*) Pour les plis. (2) Problèmes de repliage. (3) Problèmes de froissements. (4) Calcul de la quantité de matériau nécessaire pour les vêtements, (*a*) En mesurant les vêtements, (*b*) En utilisant des motifs sur le tissu, (*c*) Économie de matière. (5) Problèmes basés sur le travail ci-dessus. (6) Problèmes de stockage. (7) Factures et reçus. (8) Revenus, dépenses, épargne. (9) Problèmes textiles. (10) Problèmes civiques.

Nouveauté : (1) Montage d'échantillons, (*a*) Les cartes sont découpées à une taille donnée et divisées avec la règle en espaces pour les échantillons, avec des marges appropriées, etc., en fonction des exigences commerciales, (b) Problèmes liés *aux* différentes tailles et formes de cartes et d'échantillons, en utilisant des cartes et des règles pour le travail. (2) Découpe d'échantillon. (3) Matériaux de découpe pour boîtes, (*a*) Carton de pâte à papier, (*b*)

Couverture unie, fleurie, (*c*) Économie de matériaux. (4) Problèmes basés sur le travail ci-dessus. (5) Problèmes commerciaux, (*a*) Lors du montage des échantillons, précision, rapidité, (*b*) Coût des matériaux. (6) Factures et reçus. (7) Revenus, dépenses, épargne. (8) Problèmes civiques.

Chapellerie : (1) Mesure des montures. (2) Problèmes commerciaux, (*a*) Quantité de matériel, (*b*) Prix des matériaux, (*c*) Économie de matériel. (3) Commandes, (*a*) Par lettre, (*b*) Par commandes vierges. (4) Factures et reçus. (5) Revenus, dépenses, épargne. (6) Problèmes liés à la fabrication de la soie. (7) Problèmes civiques.

Anglais

Objectif : 1. Faciliter l'expression orale et écrite. 2. S'exercer aux formulaires commerciaux : *Orthographe* : (1) Termes techniques de chaque département commercial ; (2) Textiles et autres matériaux commerciaux ; (3) Conditions commerciales ordinaires. *Descriptions* : (1) Ouvrage écrit sur les matériaux utilisés et les articles fabriqués dans chaque département ; (2) Décrire et définir le travail du département. *Formulaires commerciaux* : (1) Lettres de motivation ; (2) Lettres de commande de marchandises; (3) Télégrammes, cartes postales, etc.; (4) Rédaction de publicités.

Outre la pratique de l'orthographe et de la rédaction de formulaires commerciaux, le travail en anglais vise à être en étroite corrélation avec les autres matières enseignées. En règle générale, les élèves consacrent la dernière partie de chaque période de récitation à écrire sur le sujet en cours. Le but est d'en obtenir la liberté d'expression après avoir éveillé l'intérêt pour un sujet, plutôt que d'obtenir de longues compositions nécessitant un travail à domicile et générant probablement une aversion pour le travail écrit. L'attention est attirée sur la rédaction des paragraphes et l'accent est mis à la fois sur la forme et sur la manière d'écrire, mais la forme est soumise à la pensée. L'interrelation du département d'art aide l'étudiant à apprécier la nécessité d'une bonne forme dans l'apparence d'une page écrite.

DÉPARTEMENT D'ÉDUCATION PHYSIQUE

La jeune salariée qui se lance dans le métier sans formation à quatorze ans est fortement handicapée par sa condition physique. Que ce soit par ignorance ou par négligence, les premiers symptômes de la maladie sont ignorés, et ce n'est que lorsqu'elle se retrouve sans emploi en raison d'une faiblesse physique qu'elle se rend compte qu'une bonne santé est le capital de la jeune fille qui travaille.

De nombreuses filles qui entrent à l'école souffrent d'une mauvaise vision ; une hypertrophie des glandes causée par des dents cariées ; mauvaise respiration nasale en raison de croissances adénoïdes ou d'amygdales hypertrophiées ; anémie ; éruptions cutanées; légères asymétries et mauvaise posture. Ces défauts produisent des signes nerveux exagérés et une mauvaise nutrition.

But

Le travail du département de physique consiste à corriger autant de ces irrégularités que possible et également à former l'étudiante à la connaissance de son corps et à en prendre soin, afin qu'elle puisse supporter les longues heures de travail confiné et être capable de montrer des résultats efficaces dans son métier.

L'examen suivant est exigé de chaque étudiant entrant :

Examen physique : En commençant par les antécédents familiaux, un enregistrement complet de tous les événements importants liés à la vie physique d'un élève est dressé. Elle est soigneusement examinée pour déceler l'asymétrie ; courbure, naissante ou bien définie ; traces de tuberculose; faiblesse du coeur et des poumons; glandes hypertrophiées; maladies de la peau ou signes de troubles nerveux. Elle est interrogée de près sur toutes les fonctions corporelles et un registre minutieux des irrégularités est tenu. Les yeux, les oreilles, les dents, le nez et la gorge sont également examinés. Des empreintes des pieds sont réalisées afin de détecter une faiblesse de la voûte plantaire ou du pied plat. Les mesures de la taille, du poids et des principales expansions sont prises à des fins de comparaison avec des enregistrements ultérieurs et dans le but de comparer avec la norme normale.

Traitement prescrit

Après l'examen, la jeune fille reçoit des instructions sur le traitement, le cas échéant. Si tout à fait normal, elle se présentera à la gymnastique trois fois par semaine. Si une asymétrie, une courbure de la colonne vertébrale, une maladie cardiaque ou des troubles nerveux sont découverts, elle doit se présenter à des exercices correctifs spéciaux à l'école. Dans certains cas, un enseignement individuel est dispensé pour compléter le travail à domicile. Des cas exigeant un appareil spécial et une attention individuelle ont été traités au Département d'éducation physique du Teachers College, grâce à la gentillesse du directeur, le Dr Thomas Denison Wood. Les filles ainsi touchées bénéficient ainsi des dernières méthodes connues de la science. S'il existe une des nombreuses maladies de peau exigeant une attention fréquente et régulière, l'étudiant est affecté à un groupe qui se rend deux fois par semaine dans un dispensaire pour recevoir un traitement électrique ou radiologique. En cas d'hypertrophie des amygdales ou des végétations adénoïdes, la nécessité d'une opération immédiate est expliquée et tous les efforts sont déployés pour obtenir le consentement des parents. Une fois l'autorisation obtenue, la jeune fille se rend le dimanche soir dans un hôpital voisin, est opérée le lundi et rentre chez elle le mardi. Chaque étudiante doit faire examiner minutieusement ses yeux par un médecin choisi au Dispensaire Ophtalmologique. Si des lunettes sont nécessaires , elles sont achetées aux frais des parents ou offertes par un opticien intéressé par l'école. Un traitement en dispensaire est également nécessaire en cas de catarrhe du nez et de la gorge. Les dents sont soigneusement examinées et les filles sont dirigées vers leur propre dentiste ou vers le dispensaire dentaire attenant à l'école, où nous avons la chance de pouvoir effectuer gratuitement un nombre limité de travaux. Des cas d'asymétrie nécessitant un appareil orthodontique, des pansements et des opérations ont été traités à l'hôpital postuniversitaire. Les cas de tuberculose à un stade avancé ont été placés sur des bateaux spéciaux dans le port de New York ou envoyés dans des camps antituberculeux du pays.

En envoyant les filles dans les hôpitaux et les dispensaires, le but est de les mettre en contact avec des institutions auxquelles elles auront un accès indépendant après avoir quitté la Manhattan Trade School.

Statistiques

Les statistiques ci-dessous montrent la condition de 278 filles lors de leur inscription à l'école. Les graphiques sont répartis selon les départements saisis. On y voit la nécessité d'accorder une attention particulière à la santé de la jeune fille qui travaille.

		Couture.	Art.	Chapellerie.	Nouveauté.	En fonctionnement.	Total.
Nutrition	Bien	101	7	15	26	35	184
	Équitable	39		2	6	18	65
	Pauvre	7		4	dix	8	29
Mentalité	Bien	122	7	19	33	40	221
	Équitable	21		2	6	17	46
	Pauvre	4			3	4	11
Signes nerveux	Présent	39	3	6	13	16	77
	Absent	108	4	15	29	45	201
	Présent	53	4	12	23	29	121

Asymétrie, légères courbures, hanches ou épaules hautes, etc.	Absent	94	3	9	19	32	157
Posture	Bien	93	4	8	29	31	165
	Équitable	54	3	13	13	30	113
Peau	Bonne condition	95	5	13	32	44	189
	Acné, comédons, etc.	52	2	8	dix	17	89
Glandes	Bonne condition	66	3	dix	19	20	118
	Agrandi	81	4	11	23	41	160
Vision	Besoin de lunettes	44	3	8	12	19	86
	Bonne condition	103	4	13	30	42	192
Audience	Défectueux	6	1		4	1	12
	Bien	141	6	21	38	60	266
Discours	Bien	170	7	20	37	56	260
	Défectueux	7		1	5	5	8
Respiration nasale	Bien	32	1	4	dix	13	60
	Équitable	58	4	11	13	28	114
	Pauvre	57	2	6	19	20	104
Les amygdales	Bien	44	1	6	7	21	79
	Légèrement agrandi	75	2	11	25	24	137

	Beaucoup agrandi	28	4	4	dix	16	62
Dents	Bien	103	5	16	30	40	194
	Pauvre	44	2	5	12	21	84
	Besoin d'attention	108	4	12	31	40	195
Cœurs	Bien	122	4	21	23	44	214
	Faible, irritable ou avec des souffles anémiques	24	2		17	13	56
	Problème organique	1	1		2	4	8
Poumons	Bien	138	5	20	36	58	257
	Tuberculose	3			2		5
	Suspicion de tuberculose	6	2	1	4	3	16
Pieds	Bien	125	7	16	38	53	239
	Arches faibles	dix		1		4	15
	Arches cassées ou pieds plats	12		4	4	4	24
Glandes thyroïdiennes hypertrophiées		12	1	2	1	7	23
Goitre exophtalmique		2				2	4
Chorée		2			2	1	5

Besoin d'exercices correctifs		5		3	4	7	19

Un deuxième examen des mêmes filles six mois plus tard montre un gain de poids, de taille et de santé générale ; 125 ont eu leurs dents en ordre ; six ont été soignés pour un défaut d'audition ; vingt avaient fréquenté la clinique de la peau ; tous ont eu les yeux examinés ; quatre-vingt-six portaient des lunettes. Dans vingt-cinq cas où les végétations adénoïdes et les amygdales ont été enlevées, le résultat a été une augmentation du poids, une meilleure respiration et une meilleure activité cardiaque, une vigilance d'esprit et une amélioration notable du travail commercial. Là où les obstructions du nez et de la gorge subsistent , on constate une perte de poids, une diminution de l'expansion thoracique et un état généralement affaibli. L'extraction des dents cariées et la fourniture de lunettes bien ajustées ont diminué l'irritabilité nerveuse et la fréquence des maux de tête. Trois cas de tuberculose ont été envoyés dans des camps. Sept cas de troubles cardiaques organiques ont été traités par des spécialistes ; dix-neuf filles ont reçu des exercices correctifs au Teachers College ; deux portaient des chaussures et des appareils orthodontiques ; deux ont été placés dans des gaines de plâtre, un pour courbure rotative latérale et un pour névrite ; et un cas avancé de chorée a été hospitalisé. Parmi les filles dont les dossiers figurent dans la liste, on peut dire qu'à l'exception des infirmes et de quelques autres nécessitant des opérations simples, un an de soins montre que très peu d'entre elles sont handicapées d'une manière ou d'une autre par les effets de la maladie.

COURS D'ÉDUCATION PHYSIQUE

I. Gymnastique :

1. Élémentaire : 3 périodes de trente minutes par semaine. (1) Travail suédois au sol pour la posture générale ; (2) Travailler sur le contrôle de la respiration ; (3) Tactiques de marche pour la forme et l'exactitude ; (4) Travail aux appareils légers : (*a*) baguettes, (*b*) haltères, (*c*) massues indiennes ; (5) Appareils lourds de coordination ; (6) Danses simples et travail rythmique pour la grâce et l'équilibre ; (7) Jeux et jeux simples.

2. Avancé : 2 périodes de quarante-cinq minutes par semaine. (1) Danses gymnastiques comportant plus de trois figures ; (2) Danses de tissage suédoises et danoises en corrélation avec l'étude des textiles (Département académique) ; (3) Danses folkloriques de Suède et de Russie pour la forme ; (4) Danses athlétiques modernes pour la grâce et l'équilibre ; (5) Compétition athlétique : (*a*) Course et sauts, (*b*) Courses de relais et d'obstacles, (*c*) Hockey et basket-ball .

3. Travaux correctifs spéciaux en cas de problèmes de colonne vertébrale ou de mauvaise position : (1) Travaux généraux au sol pour la mobilité ; (2) Travail à main levée : (*a*) Exercices simples d'assistance et de résistance, (*b*) Exercices de suspension avec et sans assistance, (*c*) Travail avec des haltères en fer.

II. Hygiène : Les conférences sur l'hygiène font partie intégrante du travail et visent à donner à chaque fille une connaissance de son corps et de ses fonctions qui lui permettra de prendre soin de sa santé de manière intelligente et d'établir dans son esprit des idéaux de bonne hygiène. une vie qui peut être rendue pratique dans son environnement.

1. *Hygiène personnelle* : (1) Bref examen du corps dans son ensemble ; (2) L'utilisation de la bouche, du nez, du larynx, de la trachée et des poumons pour respirer ; (3) Soins du nez et de la gorge : (*a*) Le nez comme source d'infection, (*b*) Dangers d'hypertrophie des amygdales et des végétations adénoïdes, (*c*) Traitement du rhume ; (4) Structure et soin des dents. (5) Le système digestif : (*a*) les organes directement concernés, et (*b*) leurs soins, (*c*) les troubles du système digestif ; (6) Le système nerveux, le cerveau et la moelle épinière ; (7) La peau, (*a*) Structure et utilisation, (*b*) Hygiène de la peau ; (8) Cœur et vaisseaux sanguins ; (9) Les cheveux ; (10) Les oreilles ; (11) Les yeux ; (12) Les pieds ; (13) L'hygiène des vêtements.

2. *Hygiène Domestique* : Construction et aménagement de la maison : (*a*) Aménagement intérieur, murs et revêtements, (*b*) Ventilation, (*c*) Chauffage, (*d*) Éclairage, (*e*) Alimentation en eau, (*f*) Plomberie et drainage, (*g*) Toilettes, (*h*) Élimination des déchets et des cendres, (*i*) Nettoyage de la maison, balayage, époussetage, nettoyage et utilisation de désinfectants.

3. *Aliments* : (1) Valeur nutritive des aliments ; (2) Pureté des matières alimentaires ; (3) Cuisine – Ustensiles de cuisine ; (4) Planification des repas.

4. *Maladies* : (1) Causes et transmission ; (2) Maladies contagieuses, soins, prévention ; (3) Hygiène des chambres de malades ; (4) Insectes et vermines; (5) Maladies infectieuses.